思考実験入門

世界五分前仮説からギュゲスの指輪まで

前田圭介

星海社

296

SEIKAISHA SHINSHO

はじめに

みなさんは「トロッコ問題」をご存じですか？

「制御の効かないトロッコが、今、五人の作業員を轢《ひ》こうとしている。あなたは進行方向を切り替えるレバーを引くことができるが、もしあなたがレバーを引けば、今度は切り替えた先にいる別の作業員一人が犠牲になってしまう。さて、あなたはレバーを引くべきだろうか、それとも引くべきでないだろうか？」という思考実験です。

もしかすると「学校の授業で聞いたことがある」という人もいるかもしれません。NHKの『ハーバード白熱教室』というテレビ番組で政治哲学者のマイケル・サンデルがトロッコ問題を取り上げたことからブームに火が付き、今や日本人の大部分が知っている有名な思考実験になりました。

ですが、トロッコ問題を知っている人でも、「この思考実験は、どのような問題を提起するために作られたものなのか」「この思考実験を作った人は、どのような問題意識を持ち、どのような思いでこの実験を考えたのか」といったことまで知っている人は意外と少ないのではないでしょうか。同様に、他のさまざまな思考実験についても「その問題を考えることに、どのような意味があるのか」があまり意識されていない現状があります。

そもそも、「思考実験」とは何なのでしょうか？

思考実験とは、実際の器具や薬品を使う一般的な実験とは異なり、想像上のシミュレーションをして、頭の中だけで完結する実験のことを指します。さきほどのトロッコ問題のように、悩ましい状況を仮定して考えてみることが多いです（こうした悩ましい状況を「モラルジレンマ」と言うこともあります）。そして、悩ましい状況に対して「どちらが正しいんだろう？」「自分はどちらの方が納得できる？」「これってどんな結果になるんだろう？」と様々な角度から検討するうち、哲学的な問いに対して自分の意見を持てたり、自分の価値観の根本に気付いたりできるようになります。つまり、思考実験というものはただ「考えて面白い」だけではなく、自分が持っている価値判断の軸に気付くための、そして哲学上の問題や現代社会の問題を考えるためのヒントを与えてくれるのです。

そこで本書では、数多くの思考実験に加え、実際に行われた興味深い実験、多くの人が悩むシチュエーションなどの「悩ましい状況」も取り上げ、その状況に対してどのような見方ができるのかを紹介します。「悩ましい状況」を説明するだけではなく、考察の過程で見えてくることや過去の哲学者が考えていたことについても書いています。

ただし、ひとつだけ注意しておきたいことがあります。この本では、様々な思考実験や「悩ましい状況」に対して明快な答えを提示しているわけではありません。本書を読み進める中で、かえって頭が混乱してしまうこともあるかもしれません。ですが、それで構わないのです。悩むということは、様々な可能性を検討し、複数の選択肢を比較し、各々の立場に立って思考することです。この過程を、本書でみなさんと共に体験できればと思っています。

「悩む」という過程は、私たちが変化の激しい社会を生き抜いていくうえで特に重要になるものだと確信しています。

難しい選択を迫られたときに、ノリや勢いで決めてしまい、後悔した経験はありませんか？　なぜそういうときに後悔するのかというと、きちんと悩まなかったからですよね。「どうしてあっちを選んでしまったのか、少し考えればこっちにすべきだとわかったのに」と後悔したのであれば、それは十分に悩まなかったことが原因です。逆に、自分の中できちんと悩んだうえで納得して選んだ道なのであれば、「あの時はこの選択がベストだった」と前向きに振り返ることができます。だからこそ、「悩む」という過程をトレーニングするために本書を活用してもらいたいと考えています。

本書に掲載した34のトピックについて、反射的に結論を出そうとするのではなく、じっくり向き合ってみてください。実際に自分だったらどう考えるかを悩んで、自分なりの結論を出そうと試みてください。納得いく結論が出なければ、一度本を閉じて自分の思考の過程に思いをめぐらせてみるのもいいでしょう。そして、自分の中に生じた変化や揺らぎ・迷いを大事にしてください。そうすれば、皆さんは本書を上手に活かすことができると思います。本書を手に取ってくださった皆さんは、思考実験のプレイヤーなのです。

第1章では、有名な思考実験と実際に行われた興味深い実験を20個取り上げています。どこから読み始めてもらっても構いません。思考実験や心理学実験を通して先人は何を問おうとしたのか、そして何が明らかになったのかを皆さんと考えていきます。先人の考え方に対して「いや、自分はこれでは納得しないな」とツッコミを入れてみるのもいいでしょう。

第2章は、第1章で得た考え方を使ってみる実践パートです。現代社会で起こっている「悩ましい状況」とそれにまつわるキーワードを14個取り上げています。第1章で取り上げたトピックは過去のものが大半なのに対し、第2章ではわれわれが現実に直面している問題について考える「応用倫理学」のトピックを多数紹介しました。第1章よりも判断に迷う場面が多くなるかもしれませんが、トレーニングだと思って焦《あせ》らず読み進めてみましょう。

なお、この本は哲学や思考実験に興味のある人全般を読者として想定していますが、高校で学ぶ「公共」や「倫理」の授業にもきっと役立ててもらえるはずです。中学生や高校生の方も、ぜひ肩の力を抜いて本書を読み進めてもらえればと思います。

それでは、『思考実験入門』スタートです!

目次

第2章 現代社会のキーワードがわかる思考実験14

119

第1章

哲学がわかる 思考実験20

思考実験1

メアリーの部屋

感覚は物理学で解明できるか？

概要

メアリーは、生まれたときから特殊な状態で部屋に入れられています。世界が白黒にしか見えないゴーグルをつけており、そのゴーグルの影響で部屋のすべてのものが白と黒に見えるのです。

メアリーは、色に関する物理的なあらゆる専門知識を持っています。夕焼けやリンゴが赤く、海や空が青く、レモンやバナナが黄色いことを知識として知っています。色の原理や光の特性、眼球の構造、網膜の仕組み、さまざまな色を作り出す方法も知っています。でも、その色を実際に見たことは一度もないのです。

そんなメアリーが、ある日ゴーグルを外して部屋の外に出ることになりました。知識でしか知らなかった空の青を、自然の緑を、夕焼けの赤を、実際に目で見て体感したのです。

さて、初めて部屋の外に出て色を見たとき、メアリーは何か新たな学びを得るでしょうか？　それとも、既に知識としては知っているから新たな学びや発見は何もないのでしょうか？

背景

この思考実験は、一九八〇年代にフランク・ジャクソンという哲学者によって考案されたものです。当時は「あらゆる物事は物理的である」とする物理主義の立場が有力で、人間の心についても「脳のことがわかれば心も分かる」と考えられていましたが、心の哲学の研究者であるジャクソンはこの考えに反論するため「メアリーの部屋」の思考実験を提示しました。

この思考実験では、「クオリア」の存在が問われています。クオリアとは主観的な意識に現れる感覚的なものを指す概念で、「質」という意味のラテン語に由来します。例えば、赤いリンゴを見て赤いと感じるときの「赤い色の感じ」がクオリアに相当します。その他、リンゴ独特の香りや手触り・酸味など、視覚以外の知覚や感覚にもクオリアは現れます。

美しい景色を見て「綺麗だなぁ」と感じたり、いい香りを嗅《か》いで心が安らいだりした経験は誰しもあるでしょう。そうした人々の自然な感覚に訴えることがジャクソンの狙いでした。ジャクソンは、メアリーが部屋の外に出たときに得るであろう感覚的なものをクオリアという概念で表現することで、「人間の主観的な感覚は、科学的知識では説明しきれないのではないか?」という疑問を投げかけたのです。

物理主義の立場からは、この思考実験に反論も向けられています。例えば、「メアリーは色に関する物理的なあらゆる専門知識を持つ」という設定ですが、その専門知識の中にクオリアも含まれるはずだ、という意見が出ました。その場合、「実際には何も新しいことは学ばないだろう」という主張も成り立ちます。著名な哲学者であるダニエル・デネットなども、同様の主張をしています。

以上のように、この思考実験は「人間の中に現れる感覚とはどのようなものか」と問いかけ、多くの議論を喚起《かんき》してきました。

考察

ここまでの議論を抽象的で現実離れしたものだと感じた人もいると思いますが、この思考実験が提起する問題の重要性はＡＩ(人工知能)の発展が著《いちじる》しい現代において増しています。

一つ目は、クオリアをめぐる問題です。将来、感覚の仕組みが完全に解明され、五感を模倣《もほう》できるロボットが開発されたとしましょう。では、この優秀なロボットは人間と何が違うのでしょうか。

現時点でのロボットは、例えば「赤い色の感じ」を受け取ることはできません。それが人間とロボットを分ける違いの一つでもあります。人間は身体を持ち、身体そのものを通じて世界と関わる存在だからこそ、クオリアを受け取ることができるのです。もし今後ロボットが五感を外形的に模倣できるようになったとしても、感覚そのものを持っているわけではないため、クオリアを受け取れるようになることはまずないでしょう。

二つ目は、「物理的なあらゆる専門知識を持つ」という設定の妥当性についてです。人間は言葉の意味を辞書的に理解するだけでなく、意味を状況に応じて拡張することができます。例えば、「椅子《いす》に座る」ことを考えてみましょう。最新の画像認識技術を用いれば、椅子とそうでない物体を判別できるロボットを作り、ロボットを椅子に座らせることは可能です。しかし、時に人は机に座ることもあれば、山登りの最中などには石に座ることもあります。一方で、ロボットにどれだけ機械学習をさせても、机や石を「椅子」とは認識できないでしょう。このように、人間は文脈の中で新たな意味を見出すことができるため、「物理的なあらゆる専門知識を持つ」人間の存在は、現実には考えにくいといえます。

「近い将来、シンギュラリティが到来して人間はＡＩに支配される」と言われることもあります。シンギュラリティとは「技術的特異点」とも言われ、コンピューターが人間の能力を追い越す瞬間を言い表す概念です。しかし、人間には身体を通じて言葉の意味を捉え、さらにその意味を拡張する力があります。人間がロボットにはないクオリアを受け取れることの意義を、この思考実験は示してくれています。

応用

哲学の分野では、この思考実験をきっかけに、クオリアをめぐる議論が盛んになりました。デイヴィッド・チャーマーズが提示した「哲学的ゾンビ」（「思考実験20」参照）は、今回の「メアリーの部屋」を発展させた思考実験になっています。日本でも茂木健一郎がクオリアの研究を進めています。

また、同時期に認知科学の分野でも同様の議論が提起されました。この分野では、身体的な経験を持たないAIが言葉の真の意味を理解できないことを示すために、スティーブン・ハルナッドが「記号接地問題」を提唱しました。一方で、AIは言葉の意味を真に理解していなくても知能があるように見せかけて応答することができてしまいます。この問題は、ジョン・サールが「中国語の部屋」という思考実験で提起しているものです。

思考実験2

囚人のジレンマ

ゲーム理論とは何か？

概要

二人の囚人AとBは、ある犯罪に関連した別件容疑で警察に捕まりました。罪を犯した可能性は高いものの、決定的な証拠がないため、二人は別々の部屋で尋問《じんもん》されています。

　そこで、警察は尋問するにあたって、二人の囚人にそれぞれ「自白する」「自白しない」の二つの選択肢を与えました。両者とも自白しない（＝黙秘《もくひ》した）場合は共に懲役一年、両者とも自白した場合は共に懲役五年となります。一方のみが自白した場合は、自白した方のみ釈放《しゃくほう》、自白しなかった方は懲役十年となってしまいます。

　さて、囚人AとBがこの話を持ちかけられたとき、二人はそれぞれどのような行動を取るでしょうか？

背景

この思考実験は、一九五〇年にランド研究所のメリル・

囚人B ＼ 囚人A	自白する	自白しない
自白する	A、Bともに懲役5年	Aは懲役10年、Bは釈放
自白しない	Aは釈放、Bは懲役10年	A、Bともに懲役1年

「ナッシュ均衡」
両者にとってベストではない選択でも、一度選択してしまうとそこから抜け出せなくなり均衡してしまうこと

図1　利得表

フラッドとメルビン・ドレッシャーが行った心理実験に着想を得て、ランド研究所の顧問であったアルバート・タッカーが定式化したものです。

「囚人のジレンマ」は、ゲーム理論という経済学の分野における代表的な思考実験として知られています。ゲーム理論とは、複数の主体が互いに相手の出方を読みながら最善手を選んでいく状況（戦略的状況）を数学的に定式化したもので、消費者や企業の行動をチェスのようなゲームに見立てて分析することからこの名前が付いています。20世紀後半にゲーム理論の研究が進む中で、囚人のジレンマも有名になっていったため、今では「ゲーム理論と言えば囚人のジレンマ」というイメージを持っている人も多いのではないでしょうか。

それまでの伝統的な経済学では主に、無数の消費者と企業がいる市場（完全競争市場）で、与えられた市場価格の下で消費者と企業が自らの利益を最大化するためにどう行動するかを分析していました。おおざっぱに言うと、各人が自己利益のみを考えて合理的に行動すれば社会全体の利益も最大になる、というのが伝統的な経済学の考え方です。

しかし、伝統的な経済学の理論では完全競争以外の問題を分析できないことが次第にわかってきました。例えば、ライバル企業に勝つためにどう行動するかを分析したい場合、自社にとって何が利益につながるかはライバル企業の出方次第で変わってしまいます。この場合、「自己利益のみを考えて合理的に行動するのが正解である」というだけでは不十分で、「相手の出方をどう読むか」を分析する理論が新たに必要になります。そのため、より広範な経済の問題を分析するために、二十世紀後半から「相手の出方をどう読むか」を体系的に取り扱うゲーム理論の分野が発展し、経済学全般に対して大きなインパクトを与えました。

現在では、経営学・政治学・社会学・心理学・哲学・生物学・コンピューターサイエンスなど、他の多くの学問領域にもゲーム理論の考え方が応用されています。

考察

「囚人のジレンマ」の思考実験は、どのような結果になると考えられるでしょうか。

囚人Aの立場に立って考えると、Bがいずれの戦略を取った場合でも、黙秘するより自白した方が短い刑期で済むため、Aにとっては自白する方が得だと言えます。同じく囚人Bの立場でも、Bは自白する方が得となります。つまり、互いが自分にとって得になる方を選ぶと、「両者とも自白し、二人仲良く懲役五年になる」という結果が待っています。

さて、この結果は最善なのでしょうか？

互いに黙秘すれば二人とも懲役一年で済むので、当然それが最善の選択です。しかし、別の部屋にいる相手を信じて、黙秘を選ぶことは可能でしょうか。相手に裏切られ、黙秘した自分だけが懲役十年になってしまう可能性もあります。そのリスクを恐れるのであれば、「裏切られる前に裏切ってしまえ」と損得勘定で考え、自白する方が自然でしょう。「裏切りは蜜の味」なのです。

このように、双方にとって望ましい結果（二人とも黙秘して懲役一年）と想定される結果（二人とも自白して懲役五年）が一致しないのが、この思考実験が「ジレンマ」と呼ばれる所以《ゆえん》です。自己の利益を追求して合理的に行動しても結果は最善にならない、という好例でしょう。

では、ジレンマを回避するにはどうすれば良いのでしょうか。例えば、裏切った場合の罰則を事前に設けておけば、裏切るメリットが少なくなるので、互いに黙秘できる可能性が高くなります。また、囚人AとBが固い友情で結ばれていれば、罰則を設けずとも互いに黙秘できるかもしれません。罰則も信頼関係も、相手が裏切る可能性を減らすためにはある程度有効といえます。

さらに、囚人のジレンマを複数回繰り返すことを考えてみましょう。当初の思考実験のように一回だけ行う場合は自白する方が合理的ですが、これを繰り返して行うとなると事情が変わってきます。繰り返して行う場合、一度裏切ってしまうと裏切りの応酬《おうしゅう》が続いてしまうため、一時的に協力しておこうという考えが生まれやすくなります。このように、条件や状況次第で結果が変わりうるのがこの思考実験の面白い点です。

応用

前述の通り、囚人のジレンマは多くの学問領域に応用されています。

例えば国際政治学では、「自白しない」を「軍縮」に、「自白する」を「軍備維持」または「軍拡」に置き換えると、二国間の軍縮が思うように進展しない現状を分析できます。互いに軍縮することが双方にとって望ましいものの、裏切られる危険性を考慮するとなかなか軍縮できない、ということですね。その他、先制攻撃の有効性や核軍縮など、さまざまな国際政治上の問題を二国間の駆け引きとして、ゲーム理論で分析することができます。また、環境問題の文脈でも、共有資源の乱獲によって資源の枯渇を招いてしまうことが問題視されており、こうした状況は「コモンズの悲劇」と呼ばれます。この分析にもゲーム理論は使えます。

このように、囚人のジレンマは「自己の利益を追求する個々の主体がどうすれば協力できるのか」という現代社会の諸問題を考えるための視座を提供してくれます。

さらに、囚人のジレンマが実際の制度設計に活用されている事例もあります。その代表が、談合を取り締まるためのリニエンシー制度（課徴金減免《かちょうきんげんめん》制度）です。談合などで価格を吊り上げる行為は違法とされ、公正取引委員会が摘発《てきはつ》に当たっていますが、委員会の調査前に談合した事実を自白すると課徴金（罰金）が自白した順番に応じて減免される仕組みが導入されています。日本でも二〇〇六年に導入され、それ以降談合の摘発数が増加するという効果を上げています。

思考実験3

シュレディンガーの猫

二つの状態が同時に存在する？

概要

一匹の猫と、半分の確率で崩壊して放射性物質を出すミクロな原子が、鉄の箱に入っています。放射性物質が出されると、それに起因して毒ガスが箱の中で発生し、猫は死んでしまいます。ただし、外からは中の様子がどうなっているかはわかりません。

このとき、猫は生きていると言えるでしょうか？　それとも死んでいると言えるでしょうか？　箱の中の様子が外から確認できない以上、猫は生きているかもしれないし死んでいるかもしれない、つまり「どちらの可能性もある」という言い方しかできません。観測者が確認するまで猫の生死についてどちらの可能性も残されており、観測者が確認したときに初めて一方の可能性に収束するのです。

背景

この思考実験は、一九三五年にオーストリアの物理学者エルヴィン・シュレディンガーが科学誌上で発表したものです。「シュレディンガーの猫」という名前は、この物理学者から取られています。

この思考実験が生まれた背景には、それまでの物理学（力学・熱力学・電磁気学などのことを指し、古典物理学とも呼ばれます）とは異なる新たな物理学の進展がありました。二十世紀に入ると、分子や原子などのミクロの世界を扱う量子力学の研究が本格化しましたが、研究が進むにつれて重大な問題が生じてきました。光が粒子の性質と波の性質を兼ね備えていることがわかってきたのです。これは、「粒子と波は全く違うものである」と考えられていた古典物理学の常識を根底から覆《くつがえ》すものでした。

この問題に、物理学者はどう答えようとしたのでしょうか。ニールス・ボーアは、光や電子は粒子と波の両方の性質を持ち、その性質は観測のあり方によって変化するという説を発表しました。また、ボーアの影響を受けたヴェルナー・ハイゼンベルクも、粒子の位置と運動量を同時に厳密に測定することはできないとする不確定性原理を発表しました。ここで重要なのは、「世界は物理法則によって完全に記述できる」という古典物理学の前提を量子力学が覆そうとした点です。つまり、従来の物理学では「Aである」状態が不変であることを疑わなかったのに対し、量子力学は「AかBかは確率的にしか決まらない」「AかBかは観測するまで分からない」というちゃぶ台返しをしたのです。

もちろん、「世界は一つに決まらない」という量子力学の新たな世界観に全ての物理学者が納得したわけではありません。アインシュタインなど一部の物理学者は量子力学の不完全な部分を指摘し、ボーアに論戦を挑みました（アインシュタインが「神はサイコロを振らない」と言って量子力学を批判したとされるエピソードが有名です）。この時のアインシュタインの反論の内容を分かりやすく伝えるためにシュレディンガーが唱えたのが、「シュレディンガーの猫」だったのです。

考察

「シュレディンガーの猫」では、観測者が箱を開けるまで猫の生死はわかりません。つまり、観測者が箱を開けるまで猫の生死は決定しておらず、箱が開けられる瞬間まで生きている状態と死んでいる状態が重なり合って存在しているのです。

ここで重要なのが、「猫の生死は観測する前に決まっていたのか否か」という点です。古典物理学に則れば、観測する前から猫の生死は決まっており、観測はその結果を確認する行為でしかありません。ところが、量子力学の立場では観測と猫の生死はセットであり、観測するまで猫の生死は決まっていないと考えるのです。突飛に思えるかもしれませんが、この「両方の可能性が同時に存在している（重ね合わせられている）」という考え方が量子力学の核心です。この後、シュレディンガーの猫は、「粒子の性質と波の性質は重なり合った状態で存在しており、それを人間が観測することで事象が収縮し結果が定まる」ということを端的に表す思考実験として知られるようになりました。

なお、この思考実験には後日談があります。実はこの思考実験は、もともと量子力学の不完全さを指摘するためにシュレディンガーが発表したものだったのですが、「確かに面白いけど、結局は単なる哲学論争だよね」と見なされ、長いこと忘れ去られていました。しかし、後にベルの不等式の検証やアスペの実験によって「観測するまで物事の状態は確定しない」ということが実証的に示されると、わかりやすい思考実験として「シュレディンガーの猫」も再び注目されるようになったのです。本来は量子力学の不完全な部分を指摘するものだったはずが、巡りめぐって量子力学の考え方を分かりやすく説明する思考実験として知られるようになったのは面白いですね。

思考実験4

テセウスの船

ものの同一性を決めるのは何か？

概要

英雄テセウスは、クレタ島のラビュリントスに住むと言われる怪物・ミノタウロスを征伐するために、船に乗り込みました。テセウスが怪物を倒した後、その船は記念品として残り続けました。しかし、船はどんどん老朽化していってしまいます。そこで、古くなった部品をどんどん取り替えていきます。古くなっては新しいものに、と繰り返していく中で、ついには最初の部品は一つも残っていない状態になってしまいました。

さて、この船は英雄テセウスの乗っていた船だと言えるのでしょうか？　それとも、すべての部品が替えられてしまっている以上、もうまったくの別物だと言えるのでしょうか？

背景

この思考実験は、ローマ帝国時代のギリシア人歴史家であるプルタルコスが考えたとされる有名なものです。この思考実験は、「同一性」とは何かを我々に問いかけています。物の構成要素を一つ残らず全て新しい部品へと置き換えた場合、それは以前と同一の物だと言えるでしょうか。それとも、全くの別物と言うべきでしょうか。外見を重視するなら「同じ」と言えそうですし、匂いやドラマ性を重視するなら「別物」と言った方がよさそうです。何をもって「同じ」と見なすかによって、答え方は変わってくるでしょう。

また、十七世紀イギリスの哲学者トマス・ホッブズは、この思考実験に新しい要素を付け加えています。交換の時に取り外した古い部品を、どこか別の場所に保管しておくとしましょう。すると、全ての部品の交換が終わった時、保管しておいた古い部品を使って元のものと完全に同じ船を組み立てることができます。さて、古い部品で組み立てたボロボロの船と部品を取り替えた新しい船、どちらが本物のテセウスの船でしょうか？　それとも、二隻ともテセウスの船ということになるのでしょうか？

我々は何に基づいて「同じもの」という認識をしているのか。そもそも「同じ」とは一体どういうことなのか——歴史は古いですが、今でも意見が分かれる思考実験だと思います。

考察

この問いに「全部部品が違うのであれば、まったくの別物だ」と考える人がいたとしましょう。そういう人には、こんな質問をしたいと思います。

「では、テセウスの船でなくなったのはどの時点でしょうか?」

この問いに明快な答えを出すことは簡単ではありません。

また、我々はどうでしょうか。人間の身体を構成する細胞は、その大半が十年以内に入れ替わると言われています。となると、十年前の自分と今の自分を比べたとき、大部分は変わっているとさえ言えます。つまり、構成要素に注目した場合、十年前の自分と今の自分は全く違う存在だということになってしまうかもしれないのです。これは、人間のアイデンティティ(自己同一性)、ひいては個人の存在について考えるきっかけになります。「今日の私と十日前の私は同じ?」「同じだという根拠は?」「去年の私とも同じと言える?」といった問いにつながっていくことでしょう。

一方、「全部部品が違っても、その船はテセウスの船だ」と考えるのであれば、そもそもテセウスの船をテセウスの船たらしめているのは何なのかを考える必要があります。

我々は何に基づいてその船を「テセウスの船」と定義しているのでしょうか?

「見た目」や「機能」と答える人が多いと思いますが、この考え方に基づくと、見た目や機能を複製したものは全て「同じ」と見なせるため、テセウスの船は何隻も作れることになります。このとき、最初のテセウスの船が持っていた「本物らしさ」は無視してしまってもいいのでしょうか。テセウスという英雄の歴史やドラマ性を重視する人にとって、「テセウスの船は何隻も作れる」という主張は受け入れがたいでしょう（二十世紀ドイツの思想家であるヴァルター・ベンヤミンは、複製により芸術作品の本物らしさが失われる事態を「アウラの消失」と表現しました）。複製技術が発達し、「本物」と「偽物」の境目が曖昧になりつつある現代において、テセウスの船の思考実験が投げかける問いはますます重要になっています。

応用

同一性に関する思考実験や主張は、他にもたくさんあります。例えば、古代ギリシアの哲学者・ヘラクレイトスは、「人々が同じ川に入ったとしても、常に違う水が流れている」という主張をしています。この主張はプルタルコスも引用しており、今では「同じ川に二度入ることはできない」という言葉でよく知られています。同様のことを、日本でも鴨長明《かものちょうめい》という随筆家が『方丈記《ほうじょうき》』で述べています。「ゆく河の流れは絶えずして、しかももとの水にあらず」という書き出しは、学校で習ったという人も多いかもしれません。

また、近代以降でも同様のテーマは議論されています。アメリカの哲学者ドナルド・デイヴィドソンが一九八七年に考案した「スワンプマン」の思考実験はその最たる例でしょう。内容は以下の通りですが、テセウスの船と同じ構造です。

ある男が沼地を歩いている最中に雷に打たれ、死んでしまった。しかしその時、偶然近くで、その雷のエネルギーが沼の物質と化学反応を起こして、男と全く同じ分子構造を持つ新たな存在「スワンプマン」が誕生した。このスワンプマンは、男と全く同じ記憶を有していて、行動パターンも同じだ。さて、このときスワンプマンは、元々の男と同じ男であると言えるだろうか?

こちらも合わせて考えてみると面白いでしょう。

思考実験5

デーモン仮説

すべてを疑ったとき、正しいと言えることは何か?

概要

「1＋1」の答えは何でしょうか?

正解は2ですね。当たり前の話です。

ですが、こうも考えられないでしょうか。本当は、「1＋1＝5」かもしれません。あなたは悪魔によって、「1＋1＝2」だと思い込まされているだけなのかもしれないのです。神様のような力を持った悪魔が、あなたに対して幻覚を仕込んでいるのかもしれないのです。

さて、あなたはこの仮説にどうやって反論できるでしょうか？　また、悪魔によって誤ったことを真実と思い込まされているのだとしたら、我々は何を確実だと見なせばいいのでしょうか？

背景

これは、合理主義哲学の祖にして近代哲学の父と呼ばれる、十七世紀に活躍した哲学者デカルトが持ち出した考え方です。

彼がこのような不可思議な仮説を持ち出したのはなぜでしょうか。デカルトは、教会の権威が失われつつあった十七世紀という時代において、全ての人が納得できる共通了解を探そうと試みました。そこで、考察の出発点として一度あらゆるものを疑ってみたのです。この「方法的懐疑」を行うことで、疑いうるものについては判断を一旦停止し、絶対確実に真だと分かるものだけを受け入れるというのがデカルトの狙いでした。
デカルト自身の言葉を引用してみましょう。

ほんの少しでも疑いをかけうるものは全部、絶対的に誤りとして廃棄すべきであり、その後で、私の信念の中に全く疑いえない何かが残るかどうかを見極めなければならないと考えた。

（『方法序説』第4部、岩波書店版）

例えば、デカルトは「感覚」を疑いの対象と見なします。自分が何かに触っている感覚があったとしても、本当に何かに触れているのでしょうか？　自分の目に映っている光景は本当のものでしょうか？　実際、見間違いや聞き間違いなど、身体の感覚はしばしば我々を欺《あざむ》きます。自分の感覚が確実に正しいとは言い切れないのです。同様に、自分の今までの経験や数学的な知識も、間違えることがあるかもしれません。そう考えると、確実に真だと言えるものなどこの世に存在しないように思えてきます。

そして、この方法的懐疑の最後に出てくるのが「デーモン仮説」なのです。確実なものを見つけるために、「悪魔が我々を欺いているかもしれない、それでも疑いえないものは何だろうか?」と極端に考えてみるわけですね。「1+1=2」といった計算ですら、デーモンが我々に見せている幻覚にすぎないかもしれません。随分と極端な考えのように思えますが、デカルトは一度そこまで疑いのハードルを上げてみたのです。

しかし、デカルトは方法的懐疑を経て「たった一つだけ、疑いようのないものがある」と説きます。それは、疑っている我々の存在自体です。有名な〝我思う、ゆえに我あり〟(Cogito, ergo sum)の誕生ですね。一種の思考実験としてあらゆるものを疑っていった結果、考える私の存在だけは疑えないと確信するに至ったのです。

考察

「デーモン仮説」は、「あなたにとって当たり前だと思っている物事であっても、本当は当たり前ではないかもしれない」ということを教えてくれます。どれだけ「当たり前」だと感じることであっても、確かなことは何もない。「1＋1＝2」だと思っているかもしれないけど、そうではないかもしれない。そこまで一度疑ってみないと、全ての人が納得できる確実な議論の出発点には到達できないのです。

たまに誤解される点ですが、デカルト自身は懐疑主義者だったわけではなく、むしろさまざまな問題について確実な知識が存在すると考えており、神の存在も認めていました。あくまでも思考実験として懐疑を行ったため、彼の考え方は「方法的」懐疑と呼ばれるのです。方法的懐疑は単なるひねくれた考え方ではなく、人間の認識や学問についての確実な前提を明らかにし、議論の出発点を定めることを目的としています。我々はデカルトの考え方から、「何を前提として認めれば、どこまでを〝確実〟なものとして認められるのか」を明らかにするプロセスを学ぶことができます（この点については、伊勢田哲治『哲学思考トレーニング』に詳しいです）。

逆に、目的を定めないままさまざまなものを疑っていくと、泥沼にはまってしまう危険性があります。十八世紀イギリスの哲学者であるデイヴィッド・ヒュームは、物体や自我の同一性、物理法則などは全て人間が心の習慣（思い込み）として抱くものにすぎない、とする徹底した懐疑主義へ進んでいきました。しかし、ヒュームのように疑い続けて極端な懐疑主義に陥ってしまうと、全ての議論が意味のないものになってしまいます。あらゆるものを疑おうとする姿勢は、「取扱注意」といえるでしょう。

応用

デカルトの方法的懐疑の考え方は、多くの哲学者に影響を与えました。先ほど紹介したヒュームをはじめ、この本で登場する哲学的思考の多くも、元をたどるとデカルトの懐疑主義が前提になっています。

また、「デーモン仮説」の現代版が、二十世紀になって新たに提出されています。その思考実験が次に解説する「水槽《すいそう》の脳」です。ぜひ合わせて考えてみてください。

思考実験6
水槽の脳
この世界は本物かフィクションか?

概要

とある部屋に、水槽に入った脳が存在しています。水槽の中の脳は、死なないような特殊な液体に浸《ひた》されています。脳は電極によって高性能のコンピューターとつながれており、脳波を操作することでその脳には意識が生じています。実は私たちの見ている現実は、この水槽に浮かんだ脳が見ている現実シミュレーションゲームなのです。

今あなたが読んでいるこの本も、実は脳が水槽の中で高性能コンピューターから見せられている夢でしかないのです――なぜ「そうではない」と言えるのでしょうか？

背景

この思考実験は、アメリカの哲学者であるヒラリー・パトナムによって一九八一年に提唱された実験です。おそらくパトナムは、本気で「我々の現実は水槽の脳かもしれない」と考えてこの説を発表したわけではありません。そうではなく、「疑うということを突き詰めて考えていくと、どこまでも疑うことができてしまう」ということを、わかりやすくイメージするために示した仮説だったと言えるでしょう。

考察

この思考実験が否定したいのは、先ほどのデカルトの「デーモン仮説」のところでご紹介した、「我思う、ゆえに我あり」です。「他のものはすべて疑う余地があるが、しかしこうして考えている私だけは疑うことはできない」というのがデカルトの考え方だったわけですが、もし考えている我々の「意識」自体も、水槽の脳がコンピューターによって見せている幻想なのだとしたら……。我々は、「我思う」としても、「我あり」にはなり得ないかもしれない、それが「水槽の脳」を考えたパトナムの主張と言えるでしょう。現実なんて幻想かもしれないし、私がこうやって考えていること自体がコンピューターの見せている夢かもしれない。そうやって考えていくと、議論自体が何の意味もなさないものになってきてしまいます。

この思考実験は、デカルトに端を発する極端な懐疑主義に対して一石を投じるものです。万物を疑い続けて極端な懐疑主義に陥《おちい》ってしまうと、すべての議論が意味のないものになってしまう。そういうことを伝えたかったのではないでしょうか。

応用

「水槽の脳」と類似した事例としてよく紹介されるのが、「胡蝶《こちょう》の夢」です。

中国の思想家である荘子《そうし》はある日、自分が胡蝶（ちょうちょ）になった夢を見ます。

そしてひらひらと飛んでいるときに目を覚ますのですが、はたして自分は蝶になった夢を見ていたのか、それとも実は夢の中の蝶こそが本来の自分であり、今の自分は蝶が見ている夢なのか、という話です。荘子は「そんなことはどちらでも良い」と説くのですが、「自分はデーモンに幻覚を見せられているかもしれない」「自分は水槽の脳かもしれない」という考えとほぼ同じことが古くから説かれているのは興味深いですね。

思考実験7

ビュリダンのロバ

合理主義が生むパラドクス

概要

昔、賢いロバがいました。ロバは物事を合理的に、論理的に判断することができます。

そんなロバが、とある分かれ道の前に来ました。ロバの目の前には二手に分かれた道があり、右に行くと美味しそうな干し草があります。一方で、左を見てみると、同じように美味しそうな干し草が置いてあります。右の干し草も左の干し草も同じ量存在し、どちらに行ってもロバは干し草にありつけます。さて、この場合、賢いロバはどちらを選ぶでしょうか？

なんとこのロバは、賢いがゆえに、「どちらを選ぶべきか」という判断ができません。合理的に判断した結果、左右どちらの干し草にも全く同じように欲求を持ったからです。結局、どちらも選べなかったロバは餓死《がし》してしまいました。

背景

この思考実験は、中世ヨーロッパの哲学者であるジャン・ビュリダンの主張にまつわる例え話です。

出典は定かではありませんが、この思考実験は「決定論」と「自由意志論」という対立する二つの立場に関するものだと考えられます。

考察

決定論とは、私たちの思考や行動が何らかの外部要因によって決定されているとする立場です。この立場では、左右の干し草の条件が完全に同じであれば一方を選ぶ必然性がなくなり、最終的に選択をできないロバは餓死してしまうという結論になります。特にビュリダンの生きた中世ヨーロッパの時代には、キリスト教の「神」によって決定論的な説明がなされました。キリスト教では、人間は原罪により悪へと流されてしまう存在であり、人間の自由意志は望ましくないものだとされてきたのです。

これに対して自由意志論とは、私たちの思考や行動はあくまで自らの自由な意志に基づいているとする立場です。この立場では、ロバは「このままでは餓死してしまう」と考え、左右どちらかの干し草を食べる意思決定を行うという結論になります。現代の私たちは自分の食べるものや着るものなどあらゆることを自分で決めているので、こちらの立場の方が理解しやすいでしょう。

ビュリダンは、「意志は理性がよいと認めない限り選択することができない」という決定論的な主張を行いました。これに対し、「理性を強調しすぎてしまうと、かえって物事を判断できなくなってしまう」という批判が向けられ、その批判の例えとしてビュリダンのロバの話が生まれたとされています。

このロバには、「①右を選ぶ」「②左を選ぶ」「③その場で立ち止まって餓死する」という3つの選択肢が与えられています。言うまでもなく③が一番望ましくない結末で、①や②を選ぶ方が自然なように思えますよね。しかし、①と②はどちらにせよ「選択」をしており、そこには自ら選んで何かをするという自由意志が存在しています。対して、③は（選択肢という言い方はしましたが）厳密には「選択」はしていません。ただ合理的に考えただけであって、その先の決断をしていないのです。

ビュリダンのロバの思考実験は、いかに選択の壁が大きいものか、また選択の壁をどうすれば乗り越えられるかについて示唆を与えてくれるものです。合理的に考えて判断がつかない物事でも、まずは選ばなければ始まらない、ということをこの思考実験は教えてくれます。二十世紀の哲学者サルトルが「人間は自由の刑に処せられている」と表現したように、自由意志に基づいて何かを選ぶことは大きな責任を伴いますし、とても怖いものです。ですが、決めなければビュリダンのロバと同じ結末が待っています。重大な選択をしなければいけない時、この思考実験は私たちの背中を押してくれるのではないでしょうか。

余談ですが、コロンビア大学ビジネススクール教授のシーナ・アイエンガーが著した『選択の科学』という本が少し前に話題になりました。同じ条件下で二十四種類のジャムの売り場と六種類のジャムの売り場を設置したところ、六種類しかない方が購入率は高くなった、というジャムの販売実験が有名です。この実験結果から、「人は選択肢が多すぎると一つのものを選ぶのが難しくなり、選択自体をやめてしまうこともある」という人間の心理作用が指摘されるようになりました。「選択肢はあった方がいいが、多すぎるのはよくない」というのは、人間のわがままな一面といえるでしょう。

応用

ビュリダンのロバの思考実験について、「実際にこんなことは起こらないよ」と感じた人もいるかもしれません。ですが、この思考実験のような問題が現実で起こりうる場面があります。「フレーム問題」と呼ばれる問題が、それを提起しています。

フレーム問題とは、ＡＩ（人工知能）を搭載したロボットが何かの課題を実行しようとした際、その課題に関係のあることだけを選び出して適切に実行するのは非常に難しい、という問題のことです（ダニエル・デネットが示した「爆弾とロボット」の例が有名なので、興味を持った方は調べてみてください）。ある物事を決める際、それに関連する情報を集めることはＡＩの得意分野ですが、集めた情報を比較検討して判断を下すことはＡＩにとって決して簡単ではありません。現在は、ＡＩに学習させる情報の重要度と優先度を設定することでフレーム問題が解決されつつありますが、それでも人間と同等の判断をできるようになるのはまだ先のことだと考えられています。「選択できる」ことは、人間にとって一番大切な能力なのかもしれません。

思考実験8

カルネアデスの板

自分を守るために他者を見捨てていいのか？

概要

あなたはある船に乗っていました。船にはあなた以外にも何人かの乗組員が乗っています。その船は事故の影響で難破《なんぱ》してしまいました。乗っていた人たち全員が海に投げ出されてしまいましたが、あなたは命からがら、大破した船の残骸《ざんがい》である「板」につかまることができました。

板のサイズはとても小さくて、一人分のスペースしかありません。他の乗組員もその板につかまろうとしましたが、あなたはどうしてもその板を譲ることができず、結果的に他の乗組員を見殺しにしてしまうことになりました。

さて、あなたはその後、見殺しにした他の乗組員の遺族から訴えられることになりました。あなたにはどのような罪があると言えるのでしょうか？　あなたは他の乗組員を殺したことになるのでしょうか？

背景

この思考実験は、古代ギリシア（ヘレニズム期）の哲学者であるカルネアデスが考えたとされるものです。カルネアデス自身の著作は残っておらず、四世紀の教父であるラクタンティウスの著作の中でこの思考実験が紹介されています。カルネアデスは懐疑論者であり、当時主流になりつつあったストア派に対する批判として、「正義」の定義を問い直すこの思考実験を投げかけたと言われています。

考察

この問題は、「正義とは何か」という問いを私たちに投げかけています。現在の日本の法律に照らし合わせて考えると、この状況において適用されるのは刑法の「緊急避難」の条項です。刑法三七条一項の条文を見てみましょう。

自己又は他人の生命・身体・自由又は財産に対する現在の危難を避けるため、やむを得ずにした行為は、これによって生じた害が避けようとした害の程度を超えなかった場合に限り、罰しない。ただし、その程度を超えた行為は、情状により、その刑を減軽し、又は免除することができる。

この条文から、日本の法律ではカルネアデスの板の状況であっても罰せられるわけではないことがわかります。日本以外でも、「自分の命を守るためであれば、他者に損害を与えたとしても罰せられない」ことが多くの国の法律で定められています。カルネアデスの板の状況は、刑法上の「殺人」には当たらないのです。

しかし、法的な責任が問われなければそれでいいのでしょうか？

この状況に陥った場合、ほとんどの人は罪悪感に苛《さいな》まれることでしょう。他の人の命を間接的に奪って自分だけが生き残ってしまったという点で、自分は殺人者と変わらないと考えるかもしれません。この問題は、正しい行為とは一体何なのか、そして法的責任と道義的責任は何が違うのかについて考えさせられる問いだと言えるでしょう。

応用

カルネアデスの板では、他の一人の命を犠牲にして自分一人が助かろうとする状況を考えていますが、この状況に条件を付けると考えが変わってくるかもしれません。例えば、板に乗ろうとした他の乗組員が複数おり、あなたを含む全員が手を離さなかったせいで誰一人助からなかったとしたらどうでしょうか？　あるいは、板に乗ろうとした他の乗組員が医者であり、その人が生き残れば他の多くの人が救われる可能性が高いとしたらどうでしょうか？

人数を複数にしたり職業を限定したりすると、「自分一人が救われようとすることは、どういう状況であれば正当化されるのか？」という問題がより重要になってきますね。そこでは、功利主義の考え方も大きく関わってきます。功利主義については、「トロッコ問題」（思考実験13）も参照してください。

思考実験9

全能のパラドクス

全能者は自らの能力を制限できるか？

概要

あなたは神にも等しい力を得た「全能の存在」になりました。あなたにできないことはありません。すべてのやりたいことを実現できます。

さて、あなたは「絶対に誰にも持ち上げることのできない石」を作りました。その石は、世界中の誰であっても持ち上げることができません。

しかし、一人だけ、持ち上げられるかもしれない存在がいます。それがあなたです。「絶対に誰にも持ち上げることのできない石」を、あなたは持ち上げることができるでしょうか？

持ち上げることができなければ、「できないことはない」という全能の存在であることが否定されてしまいます。

持ち上げることができるのであれば、あなたが作ったのは「絶対に誰にも持ち上げることのできない石」ではなくなるので、やっぱりあなたが全能であるということが否定されてしまいます。

さて、全能の者であるあなたは、石を持ち上げることができるのでしょうか？

背景

この全能のパラドクスは、今までの思考実験と違って、「誰が唱えた」というわけでもなく、いつの間にか広まっていた問題です。論理学・哲学・神学などのさまざまな分野で登場する問いで、全能の存在と論理的不可能性の関係性を論じるときに、幾度《いくど》となく引用されてきた思考実験です。

この問いは、「石」の例以外にも、「全能者は四角い丸を作ることができるか」のように、あり得ないことができるのかどうか、という形のものもあります。基本的に論理的に不可能なことができるのか、もっと詳しく言えば、「全能者は自ら全能であることを制限し、全能でない存在になることができるか」ということを問うものだと言えます。

考察

どのように考えればこのパラドクスを解消できるのか、これまで幾度となく議論されてきました。イブン＝ルシュドはこのパラドクスに最初期に取り組んだ十二世紀イスラーム圏の哲学者ですが、「全能の存在は全能ゆえに、全能でない存在になることはできないし、論理的に不可能なことはできない」と主張し、当時のヨーロッパ神学に大きな議論を巻き起こしました。同様に、十三世紀ヨーロッパの神学者トマス＝アクィナスは、著書『神学大全』で「神は論理を拒否し得ない」ことを明言し、論理的に不可能なことは神の力でもできないという立場を取りました。

一方で、「全能の存在ならば、論理的に不可能なことを為すこともできるはずだ」という主張もあります。いずれにせよ、この矛盾を解き明かすために多くの神学者や哲学者が頭をひねらせていたことは確かです。

思考実験10

ギュゲスの指輪

不正な利益を得て幸せになれるか？

概要

あなたは、自分の身体を透明にしてくれる魔法の指輪を手に入れました。どんな悪事をしてもバレることはありません。好きな商品やお金を盗み放題ですし、ご飯だって食べ放題です。なんでも悪いことができて、それを裁かれることがないのです。

さて、こんな指輪をゲットしたとして、人はこの指輪を使った方が幸せになれるのでしょうか？　それとも、こんな指輪は使わない方が幸せだと言えるのでしょうか？

背景

この話は、プラトンの著作『国家』の中で登場するものです。『国家』は、正義とは何か、そして正義の実現としての理想国家とはどのようなものかを対話形式で論じた著作で、後世の多くの哲学者・政治家に影響を与えました。

『国家』の中では、グラウコン（プラトンの兄）がソクラテス（プラトンの師匠）に質問している場面が描かれていますが、そこでグラウコンがギュゲスという羊飼いの話を引き合いに出したことから「ギュゲスの指輪」と呼ばれています。その場面では、「透明になれる指輪が二個あって、二人の手元に行くことになった。一方はその指輪を使って栄華を極め、もう一方はその指輪を使わなかった。この時、どちらの方が良い人生を送っていると言えるのか？」という問いがソクラテスに投げかけられています。つまり、不正を行って栄華を極める人と、不正をせずに正義を貫いて何の得も得ない人とでは、どちらの方が幸せなのかとグラウコンは問いかけたのです。

考察

ここから先を読み進める前に、まずは本を一度閉じて、「もし自分がこの指輪を手に入れたらどう使うだろうか？」と考えてみてください。

そのうえで、「この指輪を使わない人生はいい人生と言えるのか？」という問いに対するソクラテスの（厳密にはソクラテスの口を借りたプラトン自身の）回答を見てみましょう。

グラウコンは、「どんな人も本当は道徳的に善い人でありたいとは思わず、ただ他の人々に褒められようとし、何か悪いことをして捕まることを恐れるから、そのように振る舞うにすぎない」と主張しました。透明になれる指輪があるならばそれを使うのが人間の本性であり、指輪を使う人生の方がいい人生と言える、とソクラテスに議論を挑んだのです。これに対してソクラテスは、不正に身を委《ゆだ》ねてしまうことは自らを「精神の中の醜く汚れた部分」の奴隷に貶《おとし》めることであり、外部がどんな状態であろうとその状態は惨《みじ》めだと説きました。

ここで重要なのが、「外部がどんな状態であろうと」という点です。プラトンはこの例を通して、国家を形成するにあたって重要になる二つの規範を語っています。一つは人間本来のあるべき行動規範、もう一つは国家から与えられた法律規範です。

法律規範で考えれば、この指輪を使った者は罰せられることはないでしょう。しかし、人間本来のあるべき行動規範、つまり我々が道徳と呼んでいるものを破っているので、結局幸せにはなれない、というのがソクラテスの応答でした。ソクラテスによると、気概で欲望を抑えることができれば、最も公正で幸福な状態になります。そのため、たとえギュゲスの指輪を使って罰せられずに欲望を満たせる場合でも、身勝手な悪意を働くことはありません。一方、気概で欲望を抑えることができずに指輪を使ってしまうような人は、外部がどんな状態でも内面では自分の欲望の奴隷になっているのだから、真に幸せになることはできないというわけです。

思考実験11

無知のヴェール

自分の立場を忘れると人の考えはどう変わる?

概要

「無知のヴェール」と呼ばれるヴェールがあります。このヴェールを被った人はみんな、ある記憶を失ってしまいます。それは、「自分がどんな社会的立場にいるのか」です。

このヴェールを通すと、自分の性別・才能・人種・所得など、さまざまな自分の社会的状況がわからなくなってしまうのです。社会がどのようなもので、社会にはどのような人がいるのかは知識としては忘れません。でも、その中で自分がどんな立場かがわからなくなってしまいます。また、話す相手についても同様にどんな社会的立場なのかがまったくわかりません。

さて、そんなヴェールを被ったとしたら、あなたはどんなことを考え、それは以前とどのように変わるのでしょうか?

背景

この思考実験は、アメリカで大きな影響力を持つ思想・ニューリベラリズムの古典とされているジョン・ロールズの主著『正義論』で提唱された概念です。

ロールズは、「社会にはいろんな正義（善）があり、そのどれかを押し付けるようなことはよくないので、それぞれが善を追求する権利を尊重するべきだ」という主張をしました。そしてその上で、より良い社会・正義を作っていくために必要な足がかりとして登場させたのが、無知のヴェールという考え方です。

考察

もしみなさんがお金持ちに生まれたら、きっとお金持ちに有利な政策を考えることと思います――お金持ちがもっとお金持ちになれるような法律を作ったり、格差が広がる社会を肯定したりと。逆に貧乏人に生まれたとしたら、貧乏人とお金持ちの格差が極端に少なくなるような社会を作ると思います。

いずれも公平とは言いがたいものですが、人間の考え方はどうしても社会的地位や所得階層などの前提に引っ張られてしまいます。そこで、無知のヴェールの登場です。万人が納得できる社会を作っていくために、みんながこの「無知のヴェール」を羽織《はお》った状態だと仮定して思考していくといいのではないか、と。そうすれば、特定の誰かに有利な政策を考えたり、偏《かたよ》った考え方をすることがなくなり、望ましい社会ができるのではないでしょうか。

こうして、ロールズは万人が合意できる考え方として「基本的自由は各人に平等に分配すべき」「ただし、社会で最も不遇な人の境遇を改善するためならば、また公正な機会が平等に与えられていれば、不平等は許される」という正義の原理を導き出したのです。

応用

一九七一年にロールズの『正義論』が出版されると大きな反響を呼び、それに伴って「無知のヴェール」も有名になりました。多くの研究者がロールズの理論を参照・検討することで、正義論という分野が大きく発展したのです。

「無知のヴェール」とそれに基づくロールズの考え方に対しては、批判も向けられました。例えば、マイケル・サンデルは、個人を特定の社会的状況から切り離された存在として捉えることを批判し、個人は特定の共同体に埋め込まれた存在であるという点を重視しました。また、アマルティア・センは、ロールズが導き出した正義の原理が「何を分配するか」という点を見落としていることを批判し、生き方の選択肢の幅の観点から平等を考えることが重要だと指摘しました。

思考実験12

砂山のパラドクス

砂山から一粒ずつ減らすと、いつ砂山でなくなる？

概要

あなたの目の前に砂山があります。その砂山から、砂を一粒減らしたとします。さて、残っているものは何でしょうか？

おそらく、ほとんどの人が「砂山じゃないか」と答えると思います。すると、「砂山から、砂を一粒減らしたとしても、砂山のままだ」と結論づけることができます。

しかしこの理論に基づいて、次々に一粒ずつ砂を減らしていったとしましょう。この行為をずっと繰り返していけば、最終的には砂山はなくなって、たった一粒の砂だけが残るはずです。さて、こうして最後の一粒になっても、それは「砂山である」と言えるでしょうか？

多くの人は、「砂山ではない」と答えることでしょう。

ここで矛盾が生じます。

「砂山から砂を一粒減らしても、砂山である」

「砂山の砂を一粒ずつ減らして、最後の一粒になったら、砂山ではない」

さて、「砂山」と「砂山でない」の境界をいつ、どこで超えたのでしょうか？

背景

この思考実験は、紀元前四世紀頃の古代ギリシャの哲学者、エウブリデスによって提唱されたとされるものです。古典ギリシア語で「砂山」は「ソリテス」と呼ばれていたことから、ソリテス・パラドクスとも言われます。これは、論理学・言語哲学と呼ばれる分野でよく引用される有名な矛盾の例です。なお、エウブリデスは他にも「嘘つきのパラドクス」などの有名なパラドクスを唱えた人物としても知られています。

考察

この問題で前提となっている二つの命題（「砂山から砂を一粒減らしても砂山のままである」「最後の一粒になったら砂山ではない」）は、個別に見るとどちらも正しいものです。しかし、個別で見ると正しいものを、論理的に関係性がある命題だと考えるようになった瞬間、矛盾を孕《はら》むようになる。これがこのパラドクスの面白いところです。

さらにこの問題は、「言葉の定義の曖昧《あいまい》さ」を教えてくれます。例えば、砂山に十万粒の砂があったとして、その砂がどんどんなくなっていき、五万粒になり、一万粒になり、千粒になり、百粒になり、十粒になり……と、少なくなっていく中で、どの段階から「砂山」ではなくなるのでしょうか？　その境界線は何粒目でしょうか？

言葉の定義がしっかりしていないから、矛盾が生まれるのです。

これに対する解決策は、いくつか考えられます。一番分かりやすいのは、「砂山」の定義を決めることでしょう。ですが、例えば「一万粒以上の砂を砂山とする」と定義した場合、一万粒なら砂山で九九九九粒なら砂山でないということになりますが、私たちは一万粒と九九九九粒の砂山を見分けることはできません。見分けがつかないのに、片方は「砂山」でもう片方は「砂山でない」というのは、腑に落ちない人もいるのではないでしょうか。

その他に、「砂山」と「砂山でない」の間に「不確実」という状態を想定する解決策や、砂粒が何粒集まっても「砂山」にならないと考える解決策もありますが、いずれもこのパラドクスをすっきり解決してくれるものではありません。

応用

砂山のパラドクスと同様のものは、他にも存在します。例えば、「ロバのパラドクス」というものがそれです。荷物に藁を一本追加しても、ロバの背骨が折れることはありません。ですが、藁を一本追加することを繰り返して、ロバの背にいくらでも藁を積むことができるかというと、そんなことはありませんね。ロバの背中に無数の藁を乗せたら、ロバの背骨は折れてしまいます。その他にも、「はげ頭のパラドクス」など、似たようなパラドクスはたくさん唱えられてきたのです。

また、言葉の定義の曖昧さに気付かせてくれる同様のパラドクスとしては、「テセウスの船」（思考実験４）があります。テセウスの船は、「同じ」という概念の定義が曖昧であるがゆえに生じるパラドクスですね。

思考実験13

トロッコ問題

一人を助けるか、五人を助けるか？

概要

あなたは線路の切り替えレバーのポイントに立っています。すると向こうから、制御がきかないトロッコがやってきました。そのトロッコが進む先には五人の作業員がいて、このままだと五人を轢《ひ》き殺してしまうことは明白です。進行方向を変えるレバーの前にはあなたしかいません。もしあなたがレバーを引けば、線路が切り替わって、五人の命を救えます。ですが、切り替えた先の線路にもまた、一人の作業員がいます。切り替えたらその一人は確実に犠牲になってしまうでしょう。

あなたがレバーを引けば五人の命が救われますが、本来死ぬことのなかった一人の命が失われてしまいます。逆に、あなたがレバーを引かなければ、五人の命は失われてしまいますが、その一人の命は救われます。さて、あなたはレバーを引きますか？　それとも引きませんか？

背景

この思考実験は、イギリスの哲学者であるフィリッパ・フットが一九六七年に提起したものです。その後、ＮＨＫ番組『ハーバード白熱教室』で政治哲学者のマイケル・サンデルがトロッコ問題を取り上げたことで、日本でも多くの人に知られるようになり、今ではポピュラーな思考実験となりました。

トロッコ問題は、もともと妊娠中絶の正当性を示すための思考実験でした。キリスト教社会では人工妊娠中絶が禁止されていたのですが、非合法な中絶を行って命を落とす女性は一定数いました。また、中絶しなければ絶命してしまうような母体が危険な状態でも中絶を認めなかったため、結果的に命を落とす母親も少なくありませんでした。そのため、フットは「母体に危険がある場合に中絶は肯定されるべきか？」という問いを立て、トロッコ問題を持ち出すことで人工妊娠中絶の必要性を訴えたのです。トロッコのレバーを引けば、子供の命という一人の命が失われてしまう。トロッコのレバーを引かなければ、この先子供を何人も生むかもしれない女性の命が失われてしまうかもしれない。妊娠中絶の状況とトロッコ問題は、問題の構造が同じになっているのです。

考察

このトロッコ問題を考えるにあたって、二つのアプローチがあります。一つが功利主義、もう一つが義務論です。

まず功利主義は、イギリスの哲学者であるジェレミー・ベンサムが唱えた考え方で、社会全体の幸福度の合計が最大化されるのが望ましいとする思想です。このトロッコ問題で言えば、一人の命と引き換えに五人の命が救われるのだから、四人分多くの幸せが救われると結論することができます。ですから、功利主義的に考えれば、このトロッコ問題は「レバーを引くべき」となります。

一方で、義務論的なアプローチもあります。義務論は、プロイセン（ドイツ）の哲学者であるエマニュエル・カントが唱えた、物事は道徳に基づいて判断する必要があるという考え方です。結果的に命が救われるとしても、そのための手段として人を殺してしまうのであれば、「罪のない人を殺す」ことになってしまいますから、道徳的ではありません。なので義務論的に考えれば、「レバーを引くべきでない」となります。

このように、トロッコ問題は何を重視するかによって答えが変わってきます。どちらが正しいということではなく、社会において何を重視するかを考えるための実験として、有用なものだといえるでしょう。

応用

アメリカの哲学者ジュディス・トムソンは、フットの設定をベースに、アレンジした状況を考案しました。特に有名なのが「歩道橋の太った男」です。制御がきかないトロッコと五人の設定は同じですが、「トロッコを見下ろす太った男が歩道橋にいる」という状況が加わります。

この問題では、トロッコを止めるためには、残酷ですが太った男を歩道橋から突き落とすしかありません。では、五人を救うために太った男を犠牲にするべきでしょうか。それとも、太った男を突き落とさず五人を死なせるべきでしょうか。功利主義的に考えれば、やはり「男を突き落とすべき」という結論になりますが、この状況では「自分の手によって太った男の命を意図的に奪う」という側面が強くなるため、男を突き落とすのはためらう人が多いかもしれません。この他にも、功利主義的な判断をめぐる思考実験は「臓器くじ」をはじめ多数提起されてきました。

これからのＡＩ・ロボットの時代において、新しいトロッコ問題が発生する可能性が示《し》唆《さ》されています。例えばこのようなものです。

「自動運転車の走行中に、急に子供が飛び出してきた。車がそのまま進むと子供を二人轢いてしまうけれど、それを避けたら老人を轢いてしまう。さて、ＡＩの自動運転プログラムにはこういう状況で『避ける』というプログラミングをするべき？　それとも、『避けない』というプログラミングをするべき？」

このような場面でＡＩにどのような判断をさせるべきなのか、ますます議論を重ねていく必要があるでしょう。

思考実験14

世界五分前仮説

その「記憶」が偽物でないとどう証明する？

概要

みなさんは昨日の出来事をどれくらい思い出せますか？　朝起きて、ご飯を食べて、職場や学校に行って……と行動を思い返すことができると思いますが、実はそれは、五分前に植え付けられた偽の記憶なのです。

世界はたった五分前に作られました。五分前に、そっくりそのまま世界が作られたのです。みなさんには五分以上前の記憶もありますが、それらも五分前に作られた偽の記憶です。また、五分前からこの世界があったとする証拠のすべても、五分前の段階で作られたものです。例えば木の年輪は一年で一本作られるので、仮に五本の年輪がある木があったら、五年前にその木があった証拠になるわけですが、実は「五本の年輪の木」が五分前に作られたのです。他のものも同様で、ずっと昔からあるものも、実際に昔から存在したのではなく、五分前に「そう思わせるもの」が作られただけなのです。もちろん、あなた自身の身体も、記憶も、たった五分前に作られたもので、五分より前の記憶は、すべて偽物です。

世界は、たった五分前に作られたのです。

さて、あなたはこの仮説を否定することができますか？

背景

この思考実験は、数学や論理学、哲学の分野で活躍したバートランド・ラッセルの『心の分析』という著書の中で紹介されたものです。

彼は人間の幸せ・真理の探究のために、当たり前だと思われている物事もすべて疑って考えるという懐疑主義的な思考をした二十世紀イギリスの哲学者です。疑うことが真理につながるという信念を持っていた、とも言い換えられます。

そんなラッセルが、世界の実在自体も疑うことができるのではないかと考えた思考実験が、世界五分前仮説だったのです。

考察

この思考実験、否定するのがとても難しいことで知られています。荒唐無稽《こうとうむけい》なように思われて、実は否定のしようがないのです。

そして、この仮説を否定することができないというのは、「過去と現在の間には、論理的な必然性がない」ことを示しているともいえるのです。

例えば、今あなたはお腹が痛くなってきたとしましょう。すると、「これはきっと、昨日ラーメンを食べ過ぎたせいだな」などと原因を考えるでしょう。現在に起こっていることの原因を過去に求めるのは自然なことです。

でも、本当にそうでしょうか？

ラーメン以外のものが原因かもしれないですし、ラーメンを食べていなくてもお腹が痛くなったかもしれません。それは誰も否定することができません。

結局、現在の出来事の原因を過去に求めても、それが本当に正しいかどうかは確実にはわからないのです。ラッセルは、過去と現在の論理的なつながりは必ずしも証明できるものではないということを、「世界五分前仮説」で問いかけたのでした。

応用

当たり前ですが、ラッセルは世界が五分前に作られたと本当に信じていたわけではありません。その点で、世界五分前仮説は「デーモン仮説」（思考実験5）で紹介したデカルトの方法的懐疑の一種といえるでしょう。また、「過去と現在の間に論理的な必然性がない」ことを問おうとした点は、ヒュームの懐疑主義にも通じるものがあります。

世界五分前仮説の他にも、突飛な状況を設定して人間の認識や世界の成り立ちを問おうとした思考実験は数多くあります。例えば、菅原そうたの漫画に登場する「五億年ボタン」では、ボタンを押すと押した人の意識は何もない異次元空間に転送され、そこで五億年の時を過ごすことになります。そして、五億年経過したら押した者は元の世界に戻され、百万円が手に入りますが、この時押した人は記憶を消されるため、押した人の自覚では押した直後に百万円が手に入るというものです。

この思考実験は人間の記憶やアイデンティティが主なテーマになっていますが、条件が極端であればあるほど思考実験の面白さが深まるといえますね。

思考実験15

スタンフォード監獄実験

人は立場でどう行動を変えるか?

概要

あるとき、こんな実験が行われました。実験参加者を募り、参加者を二つのグループに分けます。一つは看守側。もう一つは囚人側。二つのチームで疑似的な監獄を作ります。

その監獄内で二つのグループに共同生活をさせ、看守側は看守の、囚人側は囚人の演技をしてもらいます。看守側は看守の制服を着て、囚人側はもちろん囚人服。さらに囚人は実際にパトカーに乗せるところ、監獄に入るところまでやりました。その上で、二週間の共同生活をさせます。看守は命令し、囚人にはそれを聞き入れさせます。

もちろんこれはただの実験です。実際にこの二つのグループに上下関係はありません。実際、始めてから一日は、どちらも困惑している様子だったそうです。ですが、実験を進めるにつれて、参加者は積極的に自らの役割に則した動きをするようになりました。看守は看守の、囚人は囚人のフリをするようになっていったのです。看守は囚人に無理な命令をしたり、横柄《おうへい》な態度を取ったり、時には暴力的な行為すら取るようになってしまったといいます。

結局、二週間を予定していた実験は、参加者の安全のため六日間で打ち切りとなりました。

背景

これは机上で考えられた思考実験ではなく、一九七一年に心理学者のフィリップ・ジンバルドーが本当に行ったとされる心理学実験です。スタンフォード大学で行われたことから「スタンフォード監獄実験」と呼ばれるようになりました。

彼は、置かれた状況や立場が人間の心理にどれほどの影響を与え、どれほど行動を支配するのかを示すために、この実験を行ったと言われています。一九六三年には、権威者の指示に従う人間の心理状況を明らかにするためにミルグラム実験（アイヒマン実験）が行われましたが、スタンフォード監獄実験はこのミルグラム実験を受けて行われたものとも考えられています。

考察

この実験は、「立場が人を作る」ということを教えてくれるものです。外見や肩書き、そして「人からどう見られているのか」が人間の心理に影響を与え、行動を変容させてしまうことを示しています。「権威を持つ者には盲目的に服従し、より弱い者には服従を求める」というパーソナリティを人間が持ち合わせていることは、エーリッヒ・フロムなどの哲学者によって既に指摘されていましたが、スタンフォード監獄実験の結果はそれを裏付けるものとして受け入れられていきました。

なお、「立場が人を作る」ということについてスタンフォード監獄実験と共にしばしば参照されるのが、ナチスドイツのアイヒマン裁判です。これについては次の項目をご覧ください。

補足

スタンフォード監獄実験は「看守側が過激化した結果、実験が中断される」という結末を迎えたため、大きな反響を呼び、社会心理学の重要な研究結果として様々な場面で取り上げられました。しかし、最近ではその実験手法に対して疑義が呈されており、実験の結果も否定されつつあります。

最大の問題は、「看守側は本当に自らの意思で過激化していったのか？」という点です。この点について、刑務所長役から看守役へ積極的な指示がなされていたことが指摘されている他、被験者の一人が発狂したふりをしたことを認めています（そのため、近年の心理学の教科書にはこの実験が掲載されなくなっています）。「立場が人を作る」ということを上手く説明してくれる実験ではありますが、実験の結果自体は少し割り引いて受け止めた方がいいでしょう。

思考実験16

アイヒマン裁判

なぜ平凡な人間が悪事を働いてしまうのか？

概要

ナチスの親衛隊隊員であったアドルフ・アイヒマンは、第二次世界大戦中にユダヤ人を大量虐殺したホロコースト（ショアー）にユダヤ人移住局長官という立場で関わった人物です。彼が殺害を指示したユダヤ人の人数は、数百万人に及ぶとされています。第二次世界大戦後アルゼンチンで逃亡生活を送っていたアイヒマンは、一九六〇年に拘束されてイスラエルに連行され、裁判にかけられました。これだけの人数を殺したわけですから、多くの人は「アイヒマンという人物は、さぞ邪悪な極悪人なのだろう」と想像していました。

しかし、裁判に登場した彼の姿に、多くの人が驚かされました。彼は、ごく普通の人物だったのです。そして、裁判の中で彼が証言したのは、「自分は上司の命令をただ実行しただけだ」というものでした。彼は、ごく普通のサラリーマンとして組織の命令をこなしていただけの小市民だったわけです。（余談ですが、アイヒマンはこの裁判の中で「一人の死は悲劇だが、数百万人の死は統計上の数字でしかない」という発言をしたとされています）

彼はこの裁判で死刑宣告を受け、最終的に絞首刑に処されましたが、彼の罪は何だったのでしょうか？　非道な悪事に手を染めていたとして、それが上司からの命令だったとしたら、その命令を実行した人物はどのような罪で罰されるべきなのでしょうか？

背景

アイヒマン裁判は一九六一年に行われ、この裁判を傍聴していたユダヤ人の哲学者ハンナ・アーレントが『エルサレムのアイヒマン　悪の陳腐さについての報告』という裁判の傍聴記録を発表したことで一躍有名になりました。『エルサレムのアイヒマン』の中で、アーレントは「彼にあるのは一体どのような罪なのだろうか」という問いを考察しています。このアーレントの考察は発表直後から様々な批判も受けましたが、アイヒマン裁判の重大さを世に知らしめるものとなりました。

考察

アーレントは、彼の裁判を傍聴した上で、次のような結論を出しています。「彼の罪は、思考しなかったことだ」と。本当は悪い事だとわかっていたはずなのに、組織の命令だということで思考を停止し、自ら考えることを止めたこと。それが罪なのだ、と。

アーレントは、アイヒマンのことを「決して愚かな人物ではない」と評しています。愚かだったから悪いことをしたのではなく、自分で選んで、組織の命令だという理由で「思考しない」という選択をしたことが、彼の罪だったのだと結論づけています。

「組織の命令だから聞く」というのは、今の社会の中では当たり前のことです。上司の命令に対して、いちいち正否を考える前に「受け入れる」という判断をするのは、普通のことだと考えるのが一般的です。そして、そういう人物は組織の中で「組織の命令に忠実な働き者」として評価されます。しかし、それが思わぬ悪事につながってしまうかもしれない。このことをアーレントは「悪の陳腐さ」という言葉で表現しました。「悪の陳腐さ」というアーレントの考察は、「構造化された組織の中では、我々の誰もが悪人になってしまうかもしれない」ということを教えてくれています。

「権力のある人物からの指示で思わぬ悪事をしてしまった」という点で、「スタンフォード監獄実験」（思考実験15）とともに、このアイヒマン裁判と「悪の陳腐さ」の話がしばしば引き合いに出されます。

補足

二〇一三年に映画『ハンナ・アーレント』が公開されると、「悪の陳腐さ」の議論が日本でも大きく取り上げられるようになり、「誰でもアイヒマンのような悪事を犯しうる」というメッセージが多くの共感を呼びました。実際のアイヒマン裁判の白黒映像も挿入されており、面白い作品になっているので、興味がある人はぜひ見てみてください。

一方、「アイヒマンはごく普通のサラリーマンにすぎなかった」という理解は、歴史研究では否定されつつあります。アイヒマンが反ユダヤ主義の考えにある程度共感していたことや、ヒトラーの命令に従うだけではなくヒトラーに「忖度《そんたく》」して主体的に行動した面もあったことがわかっているのです。「悪の陳腐さ」という概念は今なお有効ですが、この概念だけでアイヒマンは理解し尽くせないということには留意しておくべきでしょう。

思考実験17

ユニバース25

豊かになりすぎた世界は崩壊する？

概要

ユートピア、という言葉があります。架空の理想世界を指す言葉で、「楽園」「桃源郷」

なんて言い方もします。仮に、働かなくても生きていけて、好きなだけ自由な時間を持つことができるユートピアがあるとして、そこで動物たちはどのように生きるのでしょうか？

実際に、実験が行われました。ネズミを八匹用意して、とある空間に入れました。そこでは、水も食料も必要な分だけ与えられ続け、居住スペースも整っています。そこでどれくらいのネズミが繁殖して、どんな生態系が作られるのかを観測する実験です。最初は個体数が順調に増え続け、六二〇匹まで増えました。

しかし、やがてユートピアに異変が起こります。スペースは広く、自由に巣箱・えさ場を選ぶことができるにもかかわらず、なぜかネズミが一か所に集まり始めたのです。十五匹しか入らない巣箱に、なぜか百十一匹がぎゅうぎゅうに詰まって暮らすという不自然な現象が起き始め、同じ時刻に、同じえさ場で、奪い合うように一斉にえさを食べるようになったのです。

この競争に敗れた者たちは、コミュニケーションを取らず繁殖もせず、無気力に暮らしていく「ニートネズミ」になってしまいました。また、競争に勝ったオスのネズミたちは非常に攻撃的になってしまい、メスのネズミたちはオスが守ってくれないために自分たちも攻撃的になり、しまいには子供を攻撃して巣箱から追い出してしまいます。こうして生まれた育児放棄されたネズミたちは、社会性を学んでいないので、コミュニケーションを取らず、ニートネズミになって行きました。彼らは発情しても求愛ルールがわかっていないため、オスはメスの後をストーカーのようについて回るようになり、未成熟のメスやオス同士で番《つが》おうとするようになります。

こんな状況では子供が正常に生まれてくることもなく、ついにはすべてのネズミがニートネズミになってしまい、九二〇日後には新しく生まれるネズミがゼロになります。最後には、最大二〇二〇匹まで増えたネズミたちは猛スピードで減り始めます。そして一七八〇日後、最後のオスが死を迎え、ユートピアだった世界にはネズミは一匹もいなくなってしまったのでした。

背景

これも想像上の思考実験ではなく、実際に行われた実験です。一九六八年から一九七二年にかけて、アメリカの動物行動学者ジョン・B・カルフーンが行いました。

「25」という数字は、この実験が二十五回目に行われたことから名付けられたものです。というのも、カルフーンはこの実験を二十四回実施しており、そのすべてがスペースの問題からあまりうまくいかなかったのです。二十五回目では十分大きなスペースで実験が行われた結果、うまくネズミの数が増え続けることになりました。

四年もかけて行われた大規模な実験で、その結果の悲惨さから、今なお多くの人に大きな衝撃を与えている実験でもあります。

考察

この実験は、「ストレスや障害が何もない世界は、緩やかに衰退していってしまう」ということを表していると考えられます。楽園であるはずの世界が九二〇日で全滅してしまったことで、人間社会でも同じことが起こってしまうのではないかという懸念も当然出てきます。確かに今、先進国では出生数がどんどん減少し、人口も減少局面に入っています。

今から三〇〇年後には地球上から人間はほぼいなくなる、という人口推計もあるくらいです。また、現在極端に人口が集まっている大都市は地球上に多くありますが、この点もネズミの状況と類似しています。

「ネズミの実験と似たような傾向があるから人間も危ない」という考えはやや安直すぎるかもしれませんが、ユニバース25でネズミが社会性を失っていた原因を考えることは、社会で集団生活せざるを得ない私たち人間にも多くの示唆を与えてくれるでしょう。人間は、「ユニバース25を超えられるのだろうか？」と考え続けなければならないのかもしれません。

思考実験18

アキレスと亀

なぜ現実にありえない計算が成立するのか?

概要

アキレスは足の速さで知られている英雄です。このアキレスと、一匹の亀が足の速さで競争することになりました。もっとも、ただ単純に競争しては、足の遅い亀が負けてしまうことは明白です。ですので、ハンデとして、亀は少しだけ進んだ地点からスタートすることになりました。この地点を仮に地点Aとします。

さて、競走が始まりました。アキレスが地点Aに達したときには、亀はアキレスがスタート地点から地点Aに達するまでの時間に走った分だけ先に進んでいます。この地点を仮に地点Bとしましょう。

次に、アキレスが今度は地点Bに達します。アキレスの地点Aから地点Bまでの移動時間分、亀はまた先へ進むことができます。このときの亀の地点を地点Cとします。

同じことを繰り返して、アキレスが地点Cに着いたときには、亀はさらにその先の地点Dにいることになります。結局、これを無限に繰り返すことになるので、いつまでたってもアキレスは亀に追いつけないのでした……。

ってあれ？　そんなこと、あり得ませんよね？　どう考えても足の速いアキレスは亀に追いつくことができるはずです。なのになぜ、こんなことになってしまうのでしょうか？

背景

これは、古代ギリシアの自然哲学者である（エレア派の）ゼノンが提示したパラドクスの一つと言われています。

ゼノン自身の著書は失われており、出典は古代ギリシアの哲学者アリストテレスの著書『自然学』で、この本の中で「ゼノンがこんなことを言っていた」という形で紹介しています。とはいえ、このパラドクスを作ったのが本当にゼノンなのかは定かではなく、一説では同時代の哲学者のパルメニデスが作ったものだとも言われています。

考察

このパラドクスは、「アキレスが亀に追いつけないなんて、絶対にそんなことはあり得ない」とわかるにもかかわらず、明快な反論をするのが難しいものです。反論するのが難しいことの例えとして、「アキレスと亀」という言葉が使われることもあるくらいです。

このパラドクスを考えるうえで有効なのは、無限級数という考え方です。仮に、スタートから地点Aまでの時間が1秒、地点Aから地点Bまでの時間が½秒、地点Bから地点Cまでの時間が¼秒、というように½ずつ時間が短くなっていくとします。では、1＋½＋¼＋⅛＋……と秒数を全て合計した数は無限になるでしょうか、それとも有限になるでしょうか？　答えは2、つまり「有限」になります（詳しくは高校の数学Ⅲで学習してください）。先ほどの計算の結果、2秒でアキレスが亀を追い抜けることがわかるのです。

これでパラドクスは解決、と言いたいところですが、実はまだパラドクスは半分しか解決していません。「秒数を全て合計した数は2に収束する」という計算結果を先ほど紹介しましたが、無限個の数を足し合わせるというのは原理的に不可能ではないでしょうか。なぜなら、無限個の数を最後まで数えきることはできないからです。たとえ合計が2に収束するとしても、そのことはゼノンのパラドクスの反証にはならないのです。

では、現実にはアキレスは亀を追い越せるのにもかかわらず、理屈では「無限回の行為が繰り返される」という変なことになってしまうのでしょうか。ここでは、無限には二つの解釈があるということだけ紹介しておきましょう。「線分には無限の点が存在する」という解釈（実無限）と、「線分は無限に切断できる可能性を有するにすぎない」という解釈（可能無限）があります。この二つをきちんと区別することでゼノンのパラドクスは解決できるのですが、その先の議論を詳しく知りたい人は、野矢茂樹『無限論の教室』（講談社）を読んでみてください。

応用

無限に関するパラドクスは他にも様々なものがあります。例えば、コイントスゲームの賞金の期待値が無限大になってしまう「サンクトペテルブルクのパラドクス」というものが特に有名です。

思考実験19

インビジブルゴリラ

見えるはずのものが見えなくなる謎

概要

あなたの視界に突然ゴリラが現れたら、どう思いますか？「なぜこんなところにゴリラが⁉」と考えることでしょう。しかし、状況によってはゴリラの存在を認知できなくなる可能性があるのです。

それを証明する実験の手順は次の通りです（「selective attention test」で検索して動画を見た後に読み進めてもらうことをオススメします）。まず、実験参加者はバスケットボールを前後にパスする人々のビデオを見るよう促されます。そして、「一方のチームが何回パスを行ったか数えてください」と指示されます。

参加者は多くの人がボールをパス回ししているビデオを見て、必死にボールを凝視していました。そんな中、ゴリラの着ぐるみを着た人がビデオに登場し、中央に立って胸を叩いてから画面の外へ移動しました。どう考えてもおかしい状況ですよね。

ところが、何と参加者の約半数がゴリラに気づかなかったのです。ゴリラは約九秒間も画面の中にいたのですが、気付かなかった人の方が多かったのです。

背景

この実験は、認知心理学者のクリストファー・チャブリスとダニエル・シモンズが一九九九年に行った実験です。二人はこの実験で二〇〇四年にイグ・ノーベル賞を受賞し、二〇一〇年には『The Invisible Gorilla』という著書を出版してこの実験を紹介しました（日本では『錯覚の科学』というタイトルで知られています）。ゴリラが見えなくなるというこの実験の性質から、「インビジブル（見えない・透明な）ゴリラ」という実験名が付けられました。この実験は、人間の注意力がいかに選択的なものであるかを明らかにした実験として今でも様々な場面で取り上げられます。

考察

彼らはこの実験から、人間には「非注意性盲目」という性質があることを説明しました。

この実験では、どう考えてもおかしい状況が発生しているにもかかわらず、それをスルーしてしまった人が多いという結果が出ました。非注意性盲目とは、このように「予期することができない目立った出来事が目の前で起こったとしても、個人の注意が特定の行為・タスクに集中している状況だと、その『予期せぬ出来事』を完全に見逃してしまう可能性がある」ということを指します。見ようと思っているものは目に入るが、見ようとしていない（予期していない、注意していない）ものは目に入らないということですね。言われてみれば当たり前かもしれませんが、不思議な人間の特性ではないでしょうか。

なお、この実験に対しては「ゴリラが黒い色で目立たないから気付かなかったのではないか」という指摘がなされ、追試も行われました。ところが、目立つように用意したゴリラで同じ実験を行っても、やはり気付かない人が多く、人間の注意力がいかにあてにならないかを示す結果となりました。

応用

集中していると、見えるはずのものが見えなくなる。これは、ビジネスにも応用できる事実です。例えばウェブマーケティングの世界では、「注意を引いてクリックしてもらう」ことが目標とされていますが、何か別のものに注意が向いているときはクリックしてくれない可能性が高いのです。そこで、単に目立たせて注意を引くだけでなく、「できるだけ予想のつくものにする」工夫が必要になります。ユーザーがウェブサイトを閲覧する時に何に選択的注意を払っているかを分析し、それに合わせた表現やデザインをすることで、初めて有効なウェブマーケティングになるのです。

思考実験20

哲学的ゾンビ

あなたの友人がゾンビでないとなぜ言える？

概要

あなたがよく話す友達を一人、思い浮かべてください。きっと、あなたとその友達はいろいろな会話を重ね、いろんな場所で交流したことだと思います。一緒に笑うことも、一緒に泣くこともあったでしょう。

でも、実はその友達はゾンビだった。そう言うとあなたは驚くでしょう。「え、ゾンビじゃないよ⁉」と思うかもしれません。実際、その友達の身体を調べても、ゾンビであることの証拠はひとつも出てこないでしょう。

でも、実はその友達は、内面がない「哲学的ゾンビ」かもしれないのです。面白い出来事があったら笑いますし、悲しい出来事があったら悲しみます。でも、その友達は「こういう出来事が発生したらこう振る舞う」という反応がプログラミングされているだけなのです。「楽しい」と思うから笑うのではなく、「この刺激に対してはこう振る舞う」という反応の仕方が決まっているだけ。一見すると人間のように見えても、「楽しい」「悲しい」というような感情はないのです。このような存在を「哲学的ゾンビ」と呼びます。

さて、外見的には我々とまったく変わらない存在である哲学的ゾンビ。この存在と我々の違いは一体なんでしょうか？

背景

哲学的ゾンビは、オーストラリアの哲学者デイヴィッド・チャーマーズが一九九〇年代に提唱した概念です。

それ以前にも、類似した思考実験はいくつも提起されました。「世界五分前仮説」（思考実験14）のラッセルも、「私たち以外が感覚を持っているかどうかは、確認のしようがない」と語っていますし、「メアリーの部屋」（思考実験1）でも、類似の議論がありました。

この思考実験は、物理主義に対する反論として提唱されました。物理主義は、「あらゆる物事は物理的に説明できるものである」とする立場で、例えば人が面白いと思って笑うのは、脳が特定の刺激を受容して、それに対する出力として「笑う」という行為が発生しているのだ、と脳の機能にすべてを還元する考え方です。すなわち、心や感情というものは物理的に説明することができる、ということです。

この物理主義に対してNOを突き付けたのが、「哲学的ゾンビ」という思考実験です。チャーマーズがこの思考実験を提唱すると、「哲学的ゾンビ」は心の哲学者の間で有名になりました。

考察

「メアリーの部屋」や「中国語の部屋」と同様、「哲学的ゾンビ」もクオリアの実在について語っているものです。主観的な意識にのぼってくるような感覚的なもの（クオリア）がない存在は、我々人間と同様の存在だと言えるのか、それとも違うのか、ということですね。

もし物理主義の言うとおり、心や感情が物理的に説明できるとしましょう。すると、この哲学的ゾンビは我々人間と同じだということになってしまいます。脳のメカニズムはまだ完全には解明されておらず、我々がなぜ「面白い」「楽しい」と感じるのかについては現代の物理学では明確に説明することはできません。そうなると、哲学的ゾンビと我々はなんら変わらないことになってしまいます。しかし、それは直感的に納得できるでしょうか。

また、違和感があるとしたらなぜでしょうか。

この思考実験は、我々にクオリアは存在し、物理主義だけで必ずしもすべてが説明できるわけではないということを教えてくれるのです。

第2章

現代社会のキーワードがわかる思考実験14

キーワード1

認知バイアス

定義

過去の経験則から、思い込みでものごとを判断してしまうこと。

理解を深める思考実験の例

あなたは、肉体労働が多く、体力が必要な職場の採用担当になりました。数多くの応募が来ていて、選考をするのも一苦労です。応募してきている人の性別を確認すると、基本的に男性が圧倒的に多いですが、女性からもたまに応募があります。しかし、肉体労働が多い職場なので、女性が今までこの職場に入ってうまくいった例はありません。

あなたは、「申し訳ないけど、経験的にうまくいかないので、女性は選考の段階でみんな落とさせてもらおうかな」と考えました。

この行動は正しいでしょうか、それとも間違っているでしょうか？

〈肯定意見〉

膨大な量の応募に対応するためには、一定の選考は不可欠です。もちろん女性の中で肉体労働が得意な人もいないわけではないですが、それはごく稀《まれ》なケースではないでしょうか。労力を考えると、合理的な判断だと言えます。

〈否定意見〉

女性を選考の段階で落としてしまうのは、「女性は肉体労働が苦手なもの」というバイアスに基づいています。「女性は肉体労働が苦手」だと経験的な先入観だけで判断してしまっているのは、間違った考え方ではないでしょうか。

考察

この状況の中で議論になるのは、「バイアス」（認知バイアス）です。人間は誰しも、「認知バイアス」という先入観や認知の偏りを持っています。人は何かの意思決定をする際に、これまでの経験や先入観を基にして判断するのが多いですよね。

今の例では「ジェンダーバイアス」が論点になっています。「女の子なんだから、肉体労働が苦手だろう」「男の子なんだから、ピンク色や花柄は嫌いだろう」というように、その人個人のことを考えず、性別によってその人の個人的嗜好《しこう》や性質を判断してしまうことが、この場合は問題です。こうしたバイアスは、今までの「男の人の多くはピンク色や花柄を嫌っていた」「女性は体力がないことが多かった」というような経験によって作られます。

人間に認知バイアスがあることは、心理学者のエイモス・トヴェルスキーとダニエル・カーネマンの実験によって明らかになりました。人間の意思決定について研究したトヴェルスキーとカーネマンは、「人間は必ずしも合理的な選択をするわけではなく、認知バイアスに基づいて不合理な意思決定をする場合がある」という、プロスペクト理論という意思決定モデルを提唱し、ここから経済学の新たな分野である行動経済学が発展していきました。

ここまで、「合理的でない」「先入観によって間違った判断を下す」というように、マイナス面を強調してきましたが、一概に認知バイアスのすべてが悪いということもできません。

そもそもなぜ認知バイアスがあるかを考えてみましょう。人間は毎日、膨大な情報を判断する必要があるため、そのすべてをゼロから判断していると、脳が疲れてしまいます。

そこで、判断に使うエネルギーを節約するために、経験から結論を出せるものごとに関してはバイアスを基に判断するようにしているわけです。なので、バイアスのすべてが悪いと言い切ってしまうことも難しいのです。

人間には一定の認知バイアスがあることを自覚し、それとどのように向き合っていくのかを考え、そのバイアスを外して物事を考えなければならないタイミングがあるのを学ばなければならない——このことを「認知バイアス」に関する一連の研究は教えてくれているのかもしれません。

キーワード2

アファーマティブ
アクション

定義

性別や人種などの理由で差別を受けている少数派の人々に対して一定の優遇措置を取ることで格差を是正する、積極的差別是正措置のこと。

理解を深める思考実験の例

東京工業大学の入試では、二〇二四年四月入学の入試から「女子枠」を設けることが発表されました。背景にあるのは、理工学系大学の女性の少なさです。

日本の理工学系の大学では、女子学生が少ないことがかねてから指摘されていました。その理由は、「女性は理系には進まないのが普通、理工学系の大学は男性が入るべき」「女性だと浪人できない」というようなバイアスです。そこで、女性が理工学系大学へ進みづらいという男女格差を是正し、多様性を担保するための取り組みとして、女子枠が設けられたのです。
さて、あなたはこの判断を正しいと思いますか？　あるいは間違っていると思いますか？

〈肯定意見〉

現在、東工大の女子学生の割合は約13％であり、明らかに少ないと言えます。これは現実に格差があるということを表しており、その状況を変えるために差別是正措置を取るべきです。

〈否定意見〉

アファーマティブアクションの結果、実力があるのに「男性だから」という理由で本来なら合格できていたはずの人が大学に入れなくなってしまう可能性があります。男性より女性の方が優遇されるというのは逆差別ではないでしょうか。それに、女性だって合格後に「実力で合格したわけじゃないだろう」と言われてしまうかもしれないため、どちらにもメリットが少ない措置と考えられます。

考察

アファーマティブアクション（ポジティブアクション）は、歴史的・社会的な背景の中で弱者が陥っている苦境に対して、その不利な状況を改善するために、積極的な差別是正措置を取ることを指します。

もともとはジョン・F・ケネディ大統領が、黒人差別の顕著なアメリカにおいて、黒人の進学・就職・昇進などに対して特別枠を作った際に初めて使われた言葉とされています。これ以降、大学の進学枠や、社会進出の機会均等など、様々な場所でアファーマティブアクションが取られるようになりました。特に、アメリカの大学では日本の大学と違い、「どの地域出身か」「肌の色は何色か」で枠が既に決まっている場合が多く、「アジア人は〇人採用する」「白人は〇人採用する」というように明確な基準があることが多いです。また、日本でも障害者雇用枠という形で、社会的弱者を救済する措置が取られていますが、これもアファーマティブアクションの一種です。

一方、アファーマティブアクションに対しては先ほどの反対意見のように「逆差別だ」という批判もあります。機会を均等にするための措置が、逆に別の人の機会を奪っているのではないか、という意見です。確かにその指摘にも一定の正当性はありますが、そもそも日本は高等教育におけるジェンダーギャップが大きく、特に「女子は数学ができない」というバイアスが根強くあります。「リケジョ」という言葉は、そうした日本の現状を反映しているといえるでしょう。この男女格差を是正する手段として、女子枠は一つの選択肢になり得るはずです。

また、ロールズの「無知のヴェール」（思考実験11）を被って考えると、生まれた時点で不利な条件があるのであればスタートラインを揃えたいと考えるのは理にかなっているでしょう。アファーマティブアクションの是非は、どのような社会を望ましいものとするかという問題と密接に関わっているのです。

キーワード3

安楽死

定義

人や動物に苦痛を与えずに死に至らせること。

理解を深める思考実験の例

2024年3月、とある医師に京都地裁は懲役十八年を言い渡しました。罪状は嘱託《しょくたく》殺人。この医師は、難病の筋萎縮性側索硬化症（ALS）を患《わずら》う京都市の女性から依頼され、薬物を投与して殺害したのです。ALSという病気は、筋肉を動かす神経の異常で、全身の筋肉が使えなくなり、手足だけでなく喉や舌などが動かなくなってしまうという病気で、最終的には意識はあるが身体が動かせない、という苦しい状況に患者を追い込みます。この医師は、女性を苦痛から救ったという見方もできなくはありません。世界的には、ベルギーやオランダ・カナダなど安楽死が導入されている国もあります。

さて、日本は安楽死を認めるべきでしょうか？

〈肯定意見〉

誰しも平等に、「自分の命を終わらせる権利＝死ぬ権利」を持っているはずです。アルツハイマー病のように、自分の記憶がなくなってしまう病気もあります。そうなる前に自分の命を終わらせたいという自己決定権は認められるべきです。世界的に見ても、オランダなどでは既に安楽死が認められていて、この流れは世界的に広がっていくでしょう。

〈否定意見〉

安楽死を肯定すると、死に対しての意識が軽くなり、まだ助かる見込みがある人や、まだ希望がある人も悲観して死を選択するケースが多くなってしまう可能性があります。「自己決定」は一見するとよいことのように思えますが、例えば認知症の患者が自己決定で「死にたい」と言った後でその自己決定を忘れてしまったら、その自己決定は有効なのでしょうか？　自己決定があらゆる場面で認められるのは危険なのではないでしょうか。

考察

この議論におけるテーマは「安楽死」です。自ら死を選ぶことに対して、法的にそれをどう規制していくのか、あるいはオランダのように規制を解除していくのか、ということが世界的に議論されています。

安楽死に近い概念として、「尊厳死」というものもあります。これは、不治の病で苦しむ患者に対して、死期を単に引き延ばすためだけの延命措置を中止し、自然の経過のまま死を受け入れることを指します。例えば、抗がん剤治療をして延命するか、それとも治療をしないで死を迎えるのかをがん患者に自分で選んでもらい、もし「もう十分生きたから辛い抗がん剤治療をしたくない」という場合は治療をしない、ということです。致死薬の投与などは行わないが、生命維持のための治療をしない、という意味で「消極的安楽死」や「自然死」と呼ばれることもあります。これは、現在の日本の法律でも特に禁止されていません。

ここで注目すべきは、尊厳死と安楽死の違いです。致死薬の投与に違和感を覚える人は多いと思いますが、「尊厳死が認められているのに安楽死が認められないのはなぜか？」という意見も存在します。「どこまでがＯＫなのか」という基準については、高齢化が進む日本でも今後さらなる議論が必要になってくるでしょう。

こうした内容は、「生命倫理学」という分野で議論が進んでいます。生命倫理学は、命に関する境界をめぐる議論、例えば「中絶は肯定されていいのか？　命を殺すことにならないか？」「臓器提供は認められるべきか？」「医療を宗教的理由・文化的理由で断る人がいるとして、それは宗教や文化が人を殺すことにならないか？」などの議論を積み上げていく学問領域です。今後、医療がますます発展していく中で生命倫理学の必要性も増していくと考えられます。

応用

安楽死の議論は「滑りやすい坂論」の代表的なものです。

滑りやすい坂論とは、「一度容認してしまうと、その後でなし崩し的に、対象や定義が広がっていってしまい、いつか取り返しのつかないことになる」という論法です。安楽死に関しても、病気などで苦痛に喘《あえ》ぐ人の安楽死であっても、安楽死を一定程度認めてしまうことで、そこまで苦痛を被っていない人でも安楽死という選択肢を選ぶようになってしまうのではないか、さらには死を望まない患者が安楽死に追い込まれてしまうのではないか、ということが懸念されています。実際に、オランダでは二〇一六年に認知症の女性を押さえつけて致死薬を注射する事件が発生しました。「死ぬ権利」が「死ぬ義務」にすり替わってしまう危険性は、常に意識しなければいけないでしょう。

キーワード4

エンハンスメント

定義

現在正常に動いている人間の身体・心理に対して、バイオテクノロジーを使って介入して、生来の素質や活動能力を強化し向上させること。

理解を深める思考実験の例

科学が進歩した現在、生をアップグレードすることができるようになりました。生まれ持った自分の外見を変えたいと思ったら整形手術をすることができ、運動能力を向上させたいと思ったら薬でドーピングすることもできます。激昂《げっこう》しやすい性格の人は薬を飲むことでその怒りっぽさを改善できるし、もう少ししたら、遺伝子操作や機械化・サイボーグ化が当たり前の世界になるかもしれません。

しかし、それは自分の本来の生まれ持った能力を変化させるわけで、生まれ持った自分の身体を大事にしていないということにならないでしょうか？　エンハンスメントは認められるべきでしょうか？

〈肯定意見〉

エンハンスメントが身体を大事にしていない面が仮にあるとしても、そのマイナスを補って余りあるプラスがあるのであれば、いいのではないでしょうか。また、仮に心身のアップグレードを一切認めないとしたら、現在存在しているテクノロジーのどこまでは認め、どこからは認めないかの線引きは難しくなります。

〈否定意見〉

自分本来の生まれ持ったものを、薬や手術で変えてしまうのは、何か大事なものを損なうことにならないでしょうか？　また、「整った容姿や高い能力を持つ人の方が望ましい」という能力主義的な考え方を助長する危険性もあります。エンハンスメントをしないために序列が下にいってしまうのは嫌だ、という考え方になったとき、望まないエンハンスメントをする人が出てくるかもしれません。

考察

エンハンスメントは「生のアップグレード」を意味する概念です。健康な状態であっても、「それ以上」を求めて身体的・精神的なアップグレードを行おうとすることです。ただし、整形は美容外科で受けることができるなど、医療との線引きは微妙な面もあります。

現在、軽いドーピングや整形は当たり前の技術になっており、人気も高まっていますが、そんな当たり前の風潮に対して「倫理的な問題が潜んでいるのではないか？」と問うのが応用倫理学の役割です。そもそも、現状ではエンハンスメントとそうでない行為の線引きはかなり曖昧です。例えば、眠い時にコーヒーやエナジードリンクを飲むことは特に問題ない行為ですが、覚醒作用のある薬を飲むことは日本では禁止されています。では、前者がＯＫで後者がＮＧなのはどのような理由によるのでしょうか？

このように考えていくと、そもそも何がエンハンスメントに当たるのか、それはなぜ問題なのか、という点を一つ一つ検討していくことの重要性が分かるでしょう。こうした議論を積み上げていくことが、応用倫理学の役割といえるのです。

キーワード5

公衆衛生

定義

多くの人の健康を衛《まも》るために、組織化された地域社会の努力によって、疾病《しっぺい》予防、寿命延長、身体的・精神的健康と能率の増進を図る科学・技術。

理解を深める思考実験の例

新型コロナウイルスの影響で二〇二〇年以降、外出制限が設けられ、不要な外出に関しては規制されるようになりました。感染拡大を止めるためには、どうしても外出の制限などが必要だったからです。さらに、飲食店などに対しても、休業要請が行われることもありました。

しかし、仕事をする上でどうしても外出しなければならない人もいます。厳密な外出制限を設けられた結果、仕事ができなくなり、経済的に困窮《こんきゅう》してしまう人も少なからず発生しました。これは全体の利益を考えれば仕方ないことではありますが、だからといって個人の自由もあるわけで、どこまで強制力を持って規制していいのかの判断には検討の余地があります。

公衆衛生の観点から、より多くの人を救うために外出制限はもっと厳しくあるべきだったのでしょうか？

〈肯定意見〉

感染の拡大をストップさせるためには、強硬な外出制限が必要でした。拡大が早い段階でストップすれば全体の利益は大きかったと言えるし、制限が緩和された結果、感染が拡大することもありました。もっと厳しく制限するべきだったと思います。

〈否定意見〉

もし感染の拡大が防止できるとしても、経済的に困窮してしまい、自殺せざるを得ないような状況に追いやられてしまう人がいるかもしれません。また、全体としての利益を考えれば規制も仕方ないとして、それをどこまで個人個人が受け入れるかについては議論が必要だったと言えます。

考察

公衆衛生は、市民全体の健康のために社会が組織的に取り組むことを指します。市民全体ということがキーポイントで、誰かがもしそれを破ってしまったら、他の誰かにまで迷惑がかかるのに注意が必要です。仮にAさんが新型コロナウイルスに感染してしまったとして、そのAさんが外出していると、Aさんと会ったBさんや、Bさんの家族にまで影響が及んでしまう可能性があります。

我々が、油っぽいものばかりを食べている人に対して「太るよ、生活習慣病になるよ」と指摘しても、「もし太って生活習慣病になっても自分の問題だから」と言われてしまえばそれ以上は言えないでしょう。でも、今回のようなケースでは「外出すると、他の人に迷惑をかけるよ」と言えてしまうのです。

このように、個人の行動が社会全体に影響を及ぼしてしまう事象への対策が公衆衛生であり、パンデミック下においてはこの議論が特に重要となりました。

一九世紀イギリスの哲学者であるミルは「他者に危害を及ぼさない限り、個人の自由は最大限尊重される」という他者危害原則を重視しましたが、この原則に照らし合わせても「あなたが他人に感染させることで危害を加える可能性が高い」という理由で外出制限が正当化できるのです。

キーワード6

自国民第一主義

定義

自国を第一に考え、それ以外の国への国際援助は二の次とする考え方。自国ファーストとも。

理解を深める思考実験の例

日本や韓国は、先進国の中で特に国際支援を行っていない国として知られています。もっと貧困に喘ぐ発展途上国に対して国際支援・援助を行うべきだという論がある一方で、なぜ他国に支援を行わなければならないのか、という考え方もあります。遠くに住んでいて、自分達とはほとんど関係ないと感じられるような貧しい国の人たちに支援を行う必要はどこにあるのか、簡単には説明しきれません。自国にすら貧しい人がいる中で、外国に対して支援を行うことに国民全体の理解を得るのは難しいでしょう。

国は自分の国の利益を一番に考えていればいいのでしょうか？

〈肯定意見〉

自国の中にも、貧困に喘ぐ人はいます。そういう人を差し置いて、別の国に支援する余裕はありません。だいたい、遠くにいる貧困層の人たちに支援をしても、直接的なメリットは少ないですから、そんなことにお金を回すべきではありません。

〈否定意見〉

自分たちの国の今の繁栄があるのは、他国があったからです。例えば今、安くチョコレートを食べられるのは、アフリカでカカオ豆を安く提供してくれている農家さんがいるからです。現在はフェアトレードの動きの中でそうした人たちにも利益が回るようになりつつありますが、それもまだ完全とは言えません。世界経済はつながっており、我々の国の繁栄は他国に依存している部分もあるので、他国が困っていれば支援するのは当然です。

考察

自国民第一主義とは、自分の国のことを最優先にする考え方です。最近では、アメリカの元大統領であるドナルド・トランプが"Make America Great Again"のスローガンのもとにこの考えを掲げています。自分たちの国とそうでない国を切り分けて考えて、まず自国の充実を重視するべきである、ということですね。貧富の格差が広がってくるとこうした考え方が台頭してくることがあり、現代においても幾度となく登場している考え方です。

一方、こうした自国民第一主義は様々な問題を生むことが示唆されています。例えば、他国の貧困層が麻薬や武器の売買などを行い、その影響が国を超えて波及していくことがあります。他国への支援を行うことは、こうした国際的な犯罪の抑止に繋がる可能性があるのです（こうした主張のことを「共通利益論」と呼びます）。

また、「自分の国」「他の国」を切り分ける考え方自体が、近代のナショナリズムに基づく恣意的な考え方だという主張もあります。日本人が「自分たちは日本人だ」というアイデンティティを持つようになったのは、高々一五〇年ちょっと前の話にすぎません。「国家」にこだわらずに一つの世界という括りの中で考えれば、遠くの貧しい人に対する無関心も若干緩和されるのではないでしょうか（こうした主張のことを「世界市民主義（コスモポリタニズム）」と呼びます）。

キーワード7 監視社会

定義

一定の権力を持つ個人・社会によって、常に個人の行動が監視される社会のこと。

理解を深める思考実験の例

新型コロナウイルスの感染拡大により、個人の行動を追跡するアプリケーションの開発やプライベートの監視が各国で進展しました。例えば、感染した疑いのある人が誰と会っていたかがわかるアプリは、感染拡大の防止として非常に有効でした。しかし、そうした合理的な目的の一方で、個人のプライベートな情報が、一定の権力を持つ個人や組織に筒抜けになることにもつながりました。つまり、プライバシーの保護が十分ではないのです。

さて、感染拡大を防ぐためなら、個人のプライバシーは多少侵害されてもいいのでしょうか？

〈肯定意見〉

感染拡大を防ぐためには、個人の行動を追跡するのが一番合理的です。人命が守れるなら、個人のプライバシーは二の次でも仕方ないです。

〈否定意見〉

もちろん感染拡大防止は大切ですが、世間一般が「プライバシーを提供しないのはおかしい」という論調になってしまうと、「プライバシーを侵害されたくない」という人の意見が黙殺されかねず、とても危険です。提供したデータがきちんと管理されるという保証もないし、ハッキングなどのリスクも否定できません。

考察

監視社会は、SF小説などでしばしば登場する、政府や一部の組織が国民の行動を監視して反乱分子を排除したり反対意見を封殺したりできるようになる社会のことです。ジョージ・オーウェルの『1984年』という作品が、監視社会を描いたSF小説として有名ですね。監視カメラが色んな場所に設置され、その人が一体どんな行動をしていたのかが分かるようになっている現代は、もはや現実の監視社会といえるのではないか、という見方もあります。SFの世界が現代において既に到来している、ということですね。

監視社会について論じる際にしばしば参照されるのは、イギリスの哲学者ジェレミー・ベンサムが十八世紀末に開発した「パノプティコン」と呼ばれる刑務所です。真ん中に塔を配置し、そこから円形に独房を配置します。マジックミラーで独房から塔の様子は見えないようになっており、塔にいる看守の側から一方的に独房を見渡せるので、効率的に監視することができるという仕組みです。

このパノプティコンについては、ミシェル・フーコーという二十世紀フランスの哲学者が『監獄の誕生』という著作を出版し、監視社会における権力のあり方について論じています。フーコーは、パノプティコンの仕組みを「権力は姿を隠し、二度と姿を現さないが、存在はしている」と評しました。ここで大事なのは、看守が監視しているという事実ではなく、囚人の側が「いつどこで監視されているのか分からない」という意識を持つことです。囚人が「見られているかもしれない」と思い込んでいれば、パノプティコンは看守がいなくても監獄として成立します。これをフーコーは「見えない権力」と表現したわけですね。

さらに、監視社会は「相互監視社会」という形態をとることもあります。政府・権力者が手を下さずとも、お互いがお互いを監視し、反対意見を持つ者を告発する社会のことを指します。政府が自粛を「要請」しただけで営業している店や移動している人が摘発・攻撃されるようになった点で、コロナ禍の日本は「相互監視社会」だったと言えるかもしれません。

キーワード8

ポストトゥルース

定義

SNSが発達し、本当に正しい情報よりも、虚偽の情報であっても感情に訴えかける情報やインパクトのある情報の方が信じられる状態のこと。

理解を深める思考実験の例

ある大学教授が、実験や論文とセットで自分の意見を述べ、情報発信しました。しかしそれは多くの人にとってわかりにくい情報でした。それに対して、まったく違う意見を、有名なインフルエンサーが根拠なしにSNSで投稿しました。その投稿はアカデミックな観点で見ると明らかな嘘を含んでいたものの、多くの人はその投稿を信じてしまいました。このようなことは、SNS上では毎日のように起こっています。

こんな状況を容認していいのでしょうか？

〈肯定意見〉

本当にその投稿が間違っている場合は仕方ないですが、SNSの性質上・そして人間の性質上、嘘を信じてしまうこと自体はどうしようもないものです。そもそも厳密な論拠は一般人にわかるわけがなく、一般人は情報の正誤について、権威がある人が言っているかどうかで正しさを判断するしかないのです。

〈否定意見〉

フェイクニュースがあふれる状態を許して、多くの人が投稿のソースを確認しないままに情報を受容するようになると、ディープフェイクや嘘の情報が飛び交う虚構の温床になってしまいます。それを容認してはいけません。

考察

ポストトゥルースは、直訳すると「脱・真実」という言葉ですが、これは「真実よりも、わかりやすくて多くの人が信じられるもの」の方が力を持つ場合がある現代を象徴する言葉です。

二〇一六年にアメリカ大統領選挙でトランプ氏が多くのメディアの予想に反して勝利し

ましたが、このときメディアは「民衆は、大手メディアの論拠・情報ソースのある情報よりも、個人が発信している信じやすい虚偽の情報・情報ソースの不確かな情報に踊らされたのだ」と批判しました。そのときに使われたのが「ポストトゥルース」という言葉です。この件から、ポストトゥルースは、オックスフォード英語辞典で「二〇一六年を象徴する言葉（2016 Word Of The Year)」に選ばれています。

人間には、信じたいものを信じたいように信じるという傾向があります。二十世紀アメリカのジャーナリストであったリップマンも、『世論』という著作で「我々は大抵の場合、見てから定義しないで、定義してから見る」と指摘しています。これは、カエサルの『ガリア戦記』でも書かれていることであり、二千年以上前から人間の本質は変わっていないのかもしれません。

これは、先ほどキーワード1でご紹介した「認知バイアス」の延長線上にある性質と言えるでしょう。もちろんSNSの発達は最近の動向ですが、根底には人間の変わらない本質があるからこそ、なかなか厄介で改善されにくい問題なのかもしれません。

キーワード9

未来倫理・世代間倫理

定義

現在を生きる人たちの社会活動が、将来を生きる人たちに与える影響の功罪を考える倫理のこと。

理解を深める思考実験の例

現在、世界ではクリーンな発電として原子力発電が行われています。その原子力発電の結果、さまざまな放射性廃棄物が生み出されています。現状、そうした汚染された放射性廃棄物を完全に処理することはできず、未来の世代に対して「押し付け」をしてしまっている状態だといえます。同じように、地球温暖化の問題についても、今の世代や前の世代の人たちが地球温暖化を進めてしまった「ツケ」を、次の世代に押し付けている状態になってしまっている。

このように、今の世代が未来の世代に負担を押し付けてもよいのでしょうか？

〈肯定意見〉

未来において、いま問題になっている放射性廃棄物や地球温暖化の問題を解決する新しい技術革新が生まれるかもしれません。なので、今はむしろ技術の発展のために文明を一層進化させ、次の世代に対してバトンを渡す方が適切です。

〈否定意見〉

未来において、新しい技術革新が生まれる保証はどこにもありません。今の世代の負の遺産を、次の世代に押し付けていくのは、社会全体にとって大きなマイナスになりかねないことです。未来の世代に我々の世代の「ツケ」を払わせるわけにはいきません。

考察

未来倫理・世代間倫理は、今の世代や過去の世代の負債を、次の世代に渡してしまうことについての倫理的議論です。エディス・ブラウンワイスの書いた『将来世代に公正な地球環境を』という著作で提唱された概念であり、応用倫理学の分野で研究が進んでいます。

この議論がとても難しいのは、過去の世代と未来の世代とは同時に存在し得ないというところです。基本的に、「負担をどこに配分するか」に関しては、関係者で協議して取り決めを作るのが理想だと言えます。しかし、現在の世代と未来の世代は同時に存在できない以上、協議して何かを決めることができません。世代間ではコミュニケーションを取ることができないのです。それがこの問題の難しいところだと言えます。この点について、ハンス・ヨナスという哲学者は、「現代の人間は、まだ存在しない未来の人間に対して一方的な責任を負う。それは、生じうる最悪の未来を回避することへの責任である」という考え方を提唱しています。

応用

気候工学（ジオエンジニアリング）という概念も、未来倫理・世代間倫理を考える上で合わせて知っておきましょう。

気候工学とは、地球温暖化対策のために、現在の気候システムに大規模・意図的な工学的介入を行う技術のことです。成層圏に反射性エアロゾルを散布して太陽光の入射エネルギーを減らしたり、太陽光を反射する雲の開発などの技術で地球温暖化対策をしたりするのがその具体例で、極端な言い方をすれば「力ずくで地球温暖化対策を行う」というものです。

気候工学によって地球温暖化問題は解決するのではないかという楽観的な見方もありますが、どのような影響があるか完全には予測できずあまりにもリスクが高いので、現在ではなかなか実行には移されていないのが実情です。

しかし、先ほどの肯定意見で提案された解決策の「新しい技術革新」が実際に検討されつつあることは注目に値します。

キーワード10

戦争倫理学

定義

戦争における倫理を考える学問。戦争の正義を考え、戦争に関するルール・約束事を考える学問領域。

理解を深める思考実験の例

あなたが国の大統領であるとしましょう。今、隣国で、自国民も含む多くの人が虐殺されていることがわかりました。その人たちは今まさに助けを求めていて、自国民も含んでいるため助けたいと思います。

さて、この際にあなたは隣国に自国の軍隊を派遣して武力介入をしてもいいでしょうか？もし軍隊を派遣すると、戦争に発展してしまう可能性が高いです。国連に頼る手段もありますが、余計な時間がかかってしまい、今まさに救いの手を求めている人たちのことを見殺しにしてしまうことが予想されます。

このような場合、武力介入をすることは正しいでしょうか？

〈肯定意見〉

武力介入をしなければ、多くの人命が失われてしまいます。もしかすると戦争に発展してしまう可能性もありますが、人を救うための戦争という意味で、正しい戦争だと言えます。

〈否定意見〉

どんな状況であっても、戦争を回避するべきです。もし武力介入すれば、自分たちの国の軍隊や自国民の命を危険にさらしてしまいます。その人数が、今救おうとしている命の数より少ないとは限りません。戦争はどんな状況であれ許容されるべきではないのです。

考察

戦争倫理学はその名前の通り、戦争における正義について考える倫理学のことです。例えば今の問いのように「人道目的での武力介入は容認されるべきか」「戦争において、どのような兵器は使用を禁じるべきか」といったことを考えています。具体的に言うと、先ほど戦争を否定する「戦争で犠牲になる人数は、今救おうとしている命の数よりも多いかもしれない」という意見を紹介しましたが、それに対しては「命の数ではなく、戦争という行為に及ぶこと自体が問題なのだ」という反論も有りうるでしょう。このように、戦争を行うこと自体が許容されるのか否か、正義の戦争はあるのか、といった根本的な問いを掘り下げていくのが戦争倫理学です。

また、科学技術の発展に伴って、近年は新兵器をめぐる問題も戦争倫理学の研究対象となっています。分かりやすい例はドローン兵器です。一九九〇年代以降、ドローン兵器が戦争の現場に投入される機会が徐々に増え、無人兵器同士での戦闘も起こり始めていますが、こうしたドローンを使った戦争の是非も問われています。

戦争は根絶するべきものである、という見解は多くの人にとって共通のものだと思いますが、そうは言っても完全になくすことはできないと言っていいでしょう。戦争倫理学は、戦争のあり方自体を考えることで世界を平和に近づけるための議論を深める学問だと言えます。

キーワード11

道徳的行為者

定義

道徳的な責任を負う主体のこと。道徳的な責任を負う主体になれるかどうかを分けるポイントがどこにあるのかに関する議論で登場する。

理解を深める思考実験の例

ChatGPTを始め、昨今は多くの対話型のＡＩシステムが登場しています。これらのシステムは、多くの人と人間のようにコミュニケーションをすることが可能であるという点でとても素晴らしいものですが、一方で間違った学習をしてしまうと、システムが間違った情報を提供してしまう可能性があります。例えば二〇一六年にリリースされたチャットボット「Tay（テイ）」は、悪意のあるユーザーから送られてきたチャットを学習した結果、差別的な発言をしてしまいました。また、フェイスブックの研究者が「ボブ」と「アリス」と名付けたチャットボットが、会話の中で人間に理解できない言葉のやりとりを始め、強制的にシャットダウンされるという事態も発生しています。このように、対話型ＡＩとのコミュニケーションで、不適切な発言や意味不明な会話をゼロにすることはできません。

対話型ＡＩが原因で何か問題が起きた場合、その責任は誰にあるのでしょうか？

〈システムの設計者だという意見〉

設計者がそのシステムを組むときに、そうしたリスクに関しても考えておくべきなので、システムの設計者に責任があります。

〈不適切な発言を学習させたユーザーだという意見〉

対話型ＡＩはユーザーとの会話から学習をしているので、その責任は不適切な発言を学習させたユーザーにあります。

〈ＡＩだという意見〉

ＡＩといえども、道徳的な善悪・価値判断をする能力があるならば、ＡＩに責任を負わせるべきです。「ＡＩは自分で道徳的な判断をしているわけではないから責任を負わなくていい」という発想は短絡的ではないでしょうか。

考察

このＡＩやロボットの倫理学を考える上で重要になってくるのが、責任を負うべき主体は誰かを問う「道徳的行為者」という概念です。

ＡＩやロボットは現在、道徳的な良し悪しを判断することはできないとされています。ですから、何か問題を起こしても、その責任は現在ＡＩには求められません。しかし、間違ったことをしているのはＡＩ自身です。そこに責任を求めることができるようになるときも、もしかしたら来るかもしれません。

その上で、対話型のＡＩシステムのように、多くのユーザーを巻き込んで成長していくようなシステム（ソーシャルロボットと呼ばれます）には、ユーザーの持つ責任も大きいとされています。

「人間」を主語とする従来の考え方の中では、ＡＩの責任を問うことは難しいです。自動運転の技術も実用化に向けて研究が進められていますが、「ＡＩが運転する車が人にぶつかったら誰が責任を取るのか」という同様の問題を抱えています。新しい枠組みで物事を考えなければならないという点で、ＡＩの倫理と責任をめぐる議論は今後さらに注目を集めると考えられます。

キーワード12

動物倫理

定義

動物に関して、哲学的・倫理学的に考察する研究のこと。人と動物との関係性や、動物という存在について考える学問。

理解を深める思考実験の例

動物は、苦痛を感じることもでき、痛みを感じたときに鳴き声などで「痛い！」と訴えることができます。そんな存在に対して、我々は今、適切に向き合っているとは言えません。

例えば高級食として知られているフォアグラは、ガチョウやアヒルの肝臓を使った料理ですが、おいしいフォアグラを作るために、人間は彼らに過剰に餌を与えて、嫌がっても強制的に餌を食べさせています。これは非人道的な行為であると批判されています。

さて、倫理的でない食べ物であるフォアグラの生産を、今後も行っていいのでしょうか？

〈肯定意見〉

動物と人間は違う存在です。もし同列に扱うのであれば、そもそも「動物を殺して食べることはいけないことだ」ということになります。もっと言えば、動物だけではなく植物だって食べるべきではありません。しかしそう考えると、そもそも人間はどんな食べ物も食べることができず、飢えてしまいます。

我々だけではなく、ライオンも狩りをして生きていて、シマウマに苦痛を与えて殺し、食しています。我々は罪深い生き物なのかもしれないですが、そうしなければ生きていけないのだから、仕方がないのです。

〈否定意見〉

動物も、人間と同じく感受性を持っています。そんな存在に対して、「その方が美味しいから」という理由で意味もなく苦痛を与えていいのでしょうか。動物の権利も守られるべきです。

考察

動物倫理とは、人間以外の動物に対しての倫理のことです。ピーター・シンガーが一九七五年に発表した著作『動物の解放』がきっかけで世界中に広まることになりました。彼は功利主義者です。功利主義とは「影響を受ける関係者の『全員の幸福』の合計値を最大化することを考える」こと、つまり『最大多数の最大幸福』を基本原理とする思想です（思考実験13「トロッコ問題」も参照）。

この中で、「関係者」という言葉の定義として、シンガーは「人間だけでなく、動物も関係者に含めるべきではないか」というアイデアを示しました。動物は、植物やただの物体と違って、感覚を持っています。であれば人間以外の動物も、幸福を感じる「関係者」として扱うべきなのではないか、と考えたのです。功利主義の祖でもあるベンサムも、同様の発想を持っていたとされています。

今の私たちの社会は、人間以外の動物の犠牲の上に成り立っています。食事だけでなく、薬の開発をする時にはマウスを実験に使います。ペットや動物園・水族館も、人間のエゴで動物を利用しているだけなのかもしれません。人間のために動物を犠牲にすることはどこまで許されるのか、より厳密な線引きが求められるようになりつつあるのです。

応用

動物倫理の中で生まれたのが、アニマルライツ（動物の権利）です。動物にも人間同様に権利が与えられるべきではないか、という考え方です。人間には人権が与えられていて、差別されたり暴力を受けたりしたときには「人権が侵害された」と言い、権利侵害に対する異議申し立てができます。動物に対しても、それと同じように権利を認めるべきなのではないかというのがアニマルライツです。動物倫理やアニマルライツの思想が広がった結果、現在の「動物の命を奪わずに生きる」というヴィーガンの思想が世界各地で浸透していくことになりました。

キーワード13

インフォームドコンセント

定義

医療行為を行うときは患者の理解と同意があった上で行うべきであり、逆に言うとその人の意思を無視した医療行為を行うことはあってはならない、という考え方。

理解を深める思考実験の例

あなたは医者です。あなたの患者には今、末期がんの患者がいます。彼の病状は深刻で、どんなに手を尽くしても救うことはできないだろうと考えられます。この患者にこれから病状を伝えなければならないと考えると、今から気が重くなります。

そんな中で、あなたは彼の家族に対して先に彼の病状を伝えることになりました。「お宅のご主人は末期のがんで……」と伝えると、彼の奥さんと娘さんはショックを受けた様子でしたが、やがて意を決したようにこんなことを言い出しました。

「どうか、主人には本人の病状を伝えないでほしいです。彼が少しでも幸せに生きられる時間を用意してあげたいので……」

さて、あなたは家族のお願いを聞き入れて、本人に事実を隠すべきでしょうか？

〈肯定意見〉

家族が本人のことを本気で考えて出した結論なのだから、それに従うべき。幸せな時間を長引かせてあげるためにはそれがいい、ということなのであれば、医者としては家族の考え方を尊重するべきです。それに、真実を伝えてしまうと、本人は大きなショックを受けるはずで、そのショックを伝えないで幸せに死んでいく方がいいはずです。

〈否定意見〉

本人に真実を隠すべきではありません。本人の人生は、本人が選択するべきなので、患者本人の意思決定を優先するべきです。たとえショックがあったとしても、真実を医者は伝えるべきです。それに、自分の命の終わりを知って、それで今までやっていなかったことに取り組める可能性だってあります。その機会を奪う権利は誰にもない、家族にすらないのではないでしょうか。

考察

この議論は、キーワード3「安楽死」でも紹介した生命倫理学における重要な議論の一つです。生命倫理学では、「人に対する敬意が大事である」ということが基本原理とされています。その中で、「インフォームドコンセント」という考え方が生まれてきました。これは、患者の意思決定を尊重するべきであり、その人の意思を無視した医療行為を行うことはあってはならない、という考え方です。だからこそ、医者は患者がどういう現状なのか、これからどのような医療行為を行うのか、十分な説明をして患者の同意を得る必要があるとされています。生命維持治療を拒否することを予め文書で示す「リビング・ウィル」の考え方も、今では認められるようになりました。

「患者が持つ身体への自己決定権を尊重する」というのは当たり前のように聞こえるかもしれませんが、これが難しい場合もあります。それは例えば、本人が意思決定できないような状態です。病気が悪化して意識がないときに本人の意思を確認することは困難でしょう。また、今回の病名告知のケースもそうです。日本では、本人に大きなショックを与えるかもしれない場合には、家族に先に伝えたうえで本人にも伝えるかどうか確認します。実はこの日本のやり方が特殊であり、外国ではあまり見られないシステムだと言われています。どちらが正しいというものではありませんし、その人の性格や置かれた状況によって正解不正解が分かれる場合もあるでしょう。みなさんは、何を基準にしてどう判断するべきだと思いますか？

応用

インフォームドコンセントの前提になっているのが、患者自身の自己決定権です。患者本人は治療方針に同意する能力を持っており、他者や社会に危害を及ぼさない範囲において自分の意思で決定する権利がある、という考え方は日本を含め多くの国で認められるようになってきました。患者自身の話なのだから、極力自分自身で決定し意思表示をしなければならないということですね。

これと似た議論に臓器移植があります。健康保険証や運転免許証を見ると、臓器移植に関する意思表示をできる欄があります。ここの欄に予め記入をしておくと、本人の意思に基づいて不測の事態のときに臓器移植が行われる（拒否する場合は行われない）のです。

キーワード14 反出生主義

定義

生きることは苦痛に溢れているので、こんな苦しい世界に子供を産むべきではない、すべての人間は生まれるべきではない、という考え方。

理解を深める思考実験の例

ある人が、親と大喧嘩《おおげんか》になりました。

この人は、親から暴力を受けたりすることはなかったものの、親から十分な愛情を得られませんでした。家は貧乏で、十分な教育を受けることはできず、高校に入ったらバイトをして家にお金を入れなければならず、他の友達よりも苦しい生活を送っています。

さらに、親には借金があり、その借金を子供である自分が返済しなければならないと言われて、怒りが爆発したのです。その結果、大喧嘩になってしまったのです。

そのとき、その人は親に対してこう言い捨てました。

「産んでくれと頼んだ覚えはない。なぜ自分を産んだんだ！」

さて、この怒りは正しい怒りだと言えるでしょうか？　それとも単なる言いがかりに過ぎないのでしょうか？

〈肯定意見〉

そもそも出産に対して、子供は同意をしていません。子供を産むのは、親のエゴでしかないのです。それに、この親は子供のことを幸せにできる、ある程度不自由なく育てられる環境ではないにもかかわらず無責任に子供を産んでいて、子供を幸せにするという親の責任を果たしていないのだから、「産んでくれと頼んだ覚えはない」は正当な怒りだと言えるのではないでしょうか。

〈否定意見〉

人生には苦痛もあるかもしれませんが、きっと幸せもあるはずです。幸せを感じられる「生きている」という状態を、命をプレゼントしてくれたのが親であり、そんな親にはどんな人でも感謝しなければならないものです。「産んでくれと頼んだ覚えはない」というのは甘えであり、そんなことを親に言うべきではありません。

考察

反抗期の子供がよく言いがちな言葉、「産んでくれと頼んだ覚えはない」。これは実際、すべての人が同意してこの世に生まれ落ちているわけではない以上、ある程度の真理を言い当てている言葉ですね。

実は哲学には、「すべての人間は生まれるべきではない」という考え方が存在します。それが「反出生主義」です。生きるということは苦痛に満ちたつらいものであり、この苦しい世界に子供を送り出すという行為が「出産」である——にもかかわらず、生まれる前に「出産の同意」を得ることはできません。だからこそ「すべての人間は生まれるべきではない」という主張につながるのです。

古くは、十九世紀の哲学者であるショーペンハウアーが反出生主義的な立場を取っていました。彼は、人生は苦しみの方が多いと主張しており（このような思想を「ペシミズム」と呼びます）、合理的に考えれば子供を地球に生み出すことはしない、と述べています。近年もデイヴィッド・ベネターが『生まれてこないほうが良かった：存在してしまうことの害悪』という本を出版し反出生主義が再び注目を集めています。

このような主張が広まっている背景として、宗教的な価値観が希薄になっていった現代、多くの人にとって子供や出産、命というものが「神様からの授かりもの」とは考えられなくなっていることも指摘されています。

おわりに

みなさんは、人生の中で「判断に困る選択」をしたことはどれくらいありますか？　あるいは、「こっちの道を選ばなければよかった」と自分の決断を後悔していることはどれくらいありますか？

人生は選択の連続で、悩むことばかりです。そして、今回この本に収録した34のトピックも、みなさんにとっては「うーん、どっちの意見も分かるな」「この問題に答えなんてあるのかな」と悩むものが多かったと思います。ですが、それでいいのです。「はじめに」でも書いたように、簡単に結論が出ない事柄について悩む過程それ自体が大切なのです。この本を読みながら頭を悩ませたのであれば、その悩ませた分だけみなさんはトレーニングを積んで成長しているはずです。

第1章でも紹介した映画『ハンナ・アーレント』には、最後にアーレントが大学で講義をする名場面があります（この講義自体はフィクションとされています）。その講義シーンの一節を引用しましょう。本書を読んでくださったみなさんには、きっと共感してもらえるのではないかと思います。

思考の風がもたらすのは知識ではありません。善悪を区別する能力であり、美醜を見分ける力です。私が望むのは、考えることで人間が強くなることです。危機的状況にあっても考え抜くことで、破滅に至らぬよう。

（映画『ハンナ・アーレント』より）

これから先の人生でも、今までと同じように「判断に困る選択」が出てくることでしょう。しかし、そんなときこそこの本を通じて得たものが大きな力になってくれるはずです。みなさんがこの本を通して今後の人生を切り拓いていく力を少しでも獲得できたのであれば、本書の目的は達せられたことになります。

またどこかで、みなさんにお目にかかれることを楽しみにしています。

- 伊勢田哲治『哲学思考トレーニング』筑摩書房
- 入不二基義『問いを問う－哲学入門講義』筑摩書房
- 梶谷真司『考えるとはどういうことか　0歳から100歳までの哲学入門』幻冬舎
- 矢萩邦彦『自分で考える力を鍛える　正解のない教室』朝日新聞出版
- 児玉聡『実践・倫理学　現代の問題を考えるために』勁草書房
- スコット・ハーショヴィッツ（御立英史訳）『父が息子に語る　壮大かつ圧倒的に面白い哲学の書』ダイヤモンド社
- ジュリアン・バジーニ（向井和美訳）『100の思考実験　あなたはどこまで考えられるか』紀伊國屋書店

思考実験入門《しこうじっけんにゅうもん》 世界五分前仮説《せかいごふんまえかせつ》からギュゲスの指輪《ゆびわ》まで

二〇二四年五月二〇日 第一刷発行

著者 前田圭介《まえだけいすけ》

発行者 太田克史《おおたかつし》
編集担当 片倉直弥《かたくらなおや》
編集協力 東大《とうだい》カルペ・ディエム

発行所 株式会社星海社
〒一一二-〇〇一三
東京都文京区音羽一-一七-一四 音羽YKビル四階
電話 〇三-六九〇二-一七三〇
FAX 〇三-六九〇二-一七三一
https://www.seikaisha.co.jp

発売元 株式会社講談社
〒一一二-八〇〇一
東京都文京区音羽二-一二-二一
(販売) 〇三-五三九五-五八一七
(業務) 〇三-五三九五-三六一五

印刷所 TOPPAN株式会社
製本所 株式会社国宝社

アートディレクター 吉岡秀典《よしおかひでのり》(セプテンバーカウボーイ)
デザイナー 五十嵐《いがらし》ユミ
フォントディレクター 紺野慎一《こんのしんいち》
校閲 鷗来堂《おうらいどう》

ISBN978-4-06-535741-5
Printed in Japan

296
SEIKAISHA SHINSHO

次世代による次世代のための

武器としての教養
星海社新書

星海社新書は、困難な時代にあっても前向きに自分の人生を切り開いていこうとする次世代の人間に向けて、ここに創刊いたします。本の力を思いきり信じて、みなさんと一緒に新しい時代の新しい価値観を創っていきたい。若い力で、世界を変えていきたいのです。

本には、その力があります。読者であるあなたが、そこから何かを読み取り、それを自らの血肉にすることができれば、一冊の本の存在によって、あなたの人生は一瞬にして変わってしまうでしょう。思考が変われば行動が変わり、行動が変われば生き方が変わります。著者をはじめ、本作りに関わる多くの人の想いがそのまま形となった、文化的遺伝子としての本には、大げさではなく、それだけの力が宿っていると思うのです。

沈下していく地盤の上で、他のみんなと一緒に身動きが取れないまま、大きな穴へと落ちていくのか？　それとも、重力に逆らって立ち上がり、前を向いて最前線で戦っていくことを選ぶのか？

星海社新書の目的は、戦うことを選んだ次世代の仲間たちに「武器としての教養」をくばることです。知的好奇心を満たすだけでなく、自らの力で未来を切り開いていくための〝武器〟としても使える知のかたちを、シリーズとしてまとめていきたいと思います。

2011年9月

星海社新書初代編集長　柿内芳文

SEIKAISHA
SHINSHO